大展好書　好書大展
品嘗好書　冠群可期

大展好書　好書大展

品嘗好書　冠群可期

孫式太極拳
3

孫祿堂 武學論語

孫玉奎　編著

大展出版社有限公司

孫祿堂先師像

孫祿堂先師1929年任江蘇國術館館長時教學照

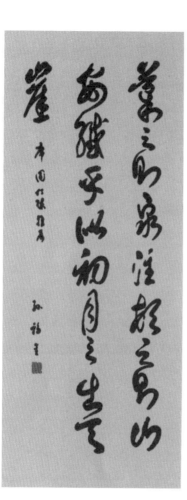

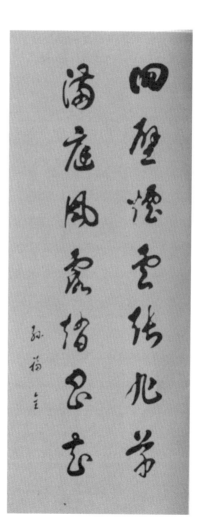

孫祿堂先師手書

孫祿堂武學論語

武學大宗師孫祿堂小傳

孫祿堂（1861—1933年），幼年家貧，無力上學，但自學向上，文武皆習。先後拜李奎元、郭雲深學形意拳，拜程廷華學八卦拳，拜郝爲眞學太極拳。曾徒步雲遊十一省，訪技問道，平暴濟貧。援《易》爲武，書法也進佳境。

曾受清朝正七品縣令皇封。年輕時，人稱「賽活猴」，成年後曾擊敗俄羅斯技擊名家彼得羅夫，享有「虎頭少保，天下第一手」之譽。古稀之年，一舉戰勝日本五名格鬥高手的聯合挑戰，當時《京報》《申報》《世界日報》等大媒體皆贊孫祿堂：「境臻絕頂，舉世無匹。」

民國時期，曾受聘總統府承宣官，中央國術館、江蘇國術館副館長兼教務長、武當門長等職。浙江、上海全國武術大賽擔任評判長。兩次擂臺賽名列前茅者及以後幾個大省市的國術館的主教練，多爲孫門弟子。

大師窮畢生精力，將中國傳統文化融於拳術，創孫氏內家拳，著《形意拳學》《八卦拳學》《太極拳學》

《八卦劍學》《拳意述眞》五部經典拳書，總結出「太極一氣、動靜中和的三元理論；和一以貫之，文武同源、同歸」的拳術之道和大武學思想，爲武術昇華到文化層次，樹立了里程碑。

孫玉奎

序　一

　　隨著時代的發展和歷史的進步，中華武術在傳承中也在不斷地演變。「奧運會」和「武林大會」對傳統武術提出很多反思和警醒。我輩從武者應善用思考，合力同心，深鑽細研，汲取新的滋養，保護優秀的傳統文化瑰寶，與時俱進，追求卓越，挑戰未來。《易》曰：「天行健，君子以自強不息。」

　　喜聞孫玉奎等編錄的《孫祿堂武學論語》即將付梓，非常高興。

　　孫玉奎，男，1939年生。自幼隨父習武，恪守規矩（其父孫雨人師從孫存周、孫劍雲），無論在武技、武理方面，都有較深的造詣。尤重武德，尊師重道，虛心好學，把本門的技藝與哲理融爲一體，研究「武與道合」的學說，探索新時代的數碼奧秘，理論聯繫實際，學予拳用。發表了多篇論文和文章，頗具特色。

　　《孫祿堂武學論語》一書，總結出一套簡約的學習方法和內容，它將爲從學者創造學習、探索的氛圍，提供交流共研的平臺。

願明理者、有志者團結奮進，悟理和練功並重，認真傳承，努力發展傳統武學，共創輝煌！

序 二

　　河北定興的孫玉奎係孫門弟子孫振岱之後人，幼從其父孫雨人習練孫氏拳學，甚有心得。今積其所學，結合個人練拳悟道之途，深思形意、八卦、太極三派之理，認眞鑽研孫氏拳學，結合學《易》所得及道法自然之說，編寫了《孫祿堂武學論語》一書，倩余爲序。

　　該書將孫祿堂武學著作及言論之精要逐一列條，筆之於書，期望有助於同道及後人閱讀。

　　該書直陳孫氏武學要旨，循述而不作之意，凡拳中之奧義皆以論語之形式摘拮無遺，由淺入深，進而悟道，此玉奎等摘此語錄之用意也。

孫寶亨

序　三

　　孫祿堂把武術昇華到文化來研究，開創了武學的新紀元。孫祿堂的大武學思想非常有現實意義，聞《孫祿堂武學論語》出版，可喜可賀！

　　孫祿堂是我們河北的武學大師，他的武學思想屬於中華民族，也屬於全人類。我們應當繼承孫祿堂的武學事業，把武學文化發揚光大。希望武林朋友認眞學習《孫祿堂武學論語》，旣獨善其身，也兼善天下，爲振興中華民族做出貢獻！

河北省體育局黨組副書記、副局長

於石家莊

序 四

孫氏武學，武林奇葩，文化瑰寶，健體強魄；
畢生爲武，易理精通，嚴懲匪盜，日俄拜躬；
揚我中華，内外稱頌，德藝雙馨，武林之宗；
余幸有睹，孫氏武風，張玉書傳，鄉里親朋；
模仿感悟，精氣神增，潛心會要，秉承先宗；
豈敢妄言，惟有敬頌，勤習廣教，弘揚遺風；
宗師武論，九州刊行，普善天下，中華有幸；
學校供職，體育爲重，培植桃李，時逢武春；
任重道遠，文武攀登，育人務本，健德知能。

河北定興第三中學校長

張占元

於定興

自　序

一、「虛無爲旨，中和爲宗」，是孫氏武學之大要，和傳統文化合二爲一，是中國武學文化的精華。「虛無和中和」都有強大的物質基礎，絕非「玄學」。我們把孫祿堂武學中的有關論述摘錄出來，以方便武林同仁體認、明辨。「進跟退撤，開合轉承；行雲流水，虛實分明」是孫氏武學的表，「率性修道，虛無、中和」是孫氏武學的本。

二、孫祿堂師祖窮畢生精力六十餘年，將「三敎文化」和三派拳術熔於一爐，遂著書，只「願將先輩拳道傳流後世，不令淹沒」。且常引「立身求本」「書法中鋒」之《書論》，以闡拳劍「中和」之理。「其一誠中，上下相連，內外如一；其二虛中，不即不離，勿忘勿助；其三空中，拳無拳，意無意，無意之中是眞意。斯三者，修身之大法則，亦人生之不可或缺者也」。願習拳同仁，效法師祖的修煉途徑，自省立本，文武俱進，自能從容中道。

三、人體是一個開放的資訊整體。人體的穴位，好比電腦的鍵盤，可爲我發出指令。所以孫氏武學強調中

正、規矩。我們摘錄孫氏武學的理、勁、尺寸，且附上師祖的拳照，就是爲了方便孫門同仁對照修煉，提高精度。

四、本書共分爲六編，前五編分別將孫祿堂師祖的五部武學專著 ——《形意拳學》《八卦拳學》《太極拳學》《八卦劍學》《拳意述眞》進行整理編輯，擷取其中最精華的内容奉獻給各位習拳同仁。文中的章節名稱和順序依然採用原著的編排代碼，以免學者出現誤解。

在本書的成書過程中，得到了孫婉容、孫寶亨前輩和李文啓先生的大力支持，特在此致以衷心感謝！

定興　孫玉奎等

目 錄

孫祿堂武學論語

第一編
孫祿堂《形意拳學》論語

《形意拳學》自序

富強之道。須使人民以體操為不可缺一之科，如此則精神振矣。今國家振興庶務，百度維新，文武兼進，可謂法良意美矣。

余幼而失學，即喜習武事，而以不粗不猛、剛柔相濟而為勇也。

余於形意一門，稍窺門徑，探原論之，彼太極、八卦二門及外家、內家兩派，雖同出一源可也。

余在北京白西園先生處，得見岳武穆王拳譜。余一是頓開茅塞，立願敘述完備，不敢稍有悖謬。至其間有未至者，尚望諸同志隨時指正為感。

凡　例

發明此拳之性質，係順天地自然之理，純以養正氣為宗旨，誠武業中文雅事也。

此形意拳關係全身精神，久疾者能癒，不起者能痊，又不僅於習拳已也。

上編　形意混沌闢開天地五行學

總綱　形意無極學

　　無極者，當人未練拳術之先，無思無意，無形無象，無我無他，胸中渾渾沌沌，一氣渾淪，無所向意者也。此式是順行天地自然之道，謂之無極形式也。

　　虛無生一氣者，是逆運先天真一之氣也。但此氣不是死的，而是活的，其中有一點生機藏焉。此氣名曰先天真一之氣，為人性命之根，造化之源，生死之本，形意拳之基礎也。

　　將動而未動之時，心中空空洞洞，一氣渾然，形跡未露，其理已具，故其形象太極一氣也。

　　起點半邊向右，兩手下垂，左足在前，靠右足裏踝骨，為四十五度之式。舌頂上齶，穀道上提。此式是攬陰陽，奪造化，轉乾坤，扭氣機，逆運先天真陽，不為後天假陽所傷也。

第二節　形意太極學

太極者，屬土也，在人五臟屬脾，在形意拳中屬橫拳，內包四德。四德者，即劈、崩、鑽、炮之拳名也。

人為萬物之靈，能感通諸事之應。是以心在內，而理周乎物；物在外，而理俱於心。意者，心之所發也。是故心意誠於中，而萬物形於外，內外總是一氣之流行也。

太極式起點身法，由靜而動，不可前俯後仰，不可左斜右歪，要和而不流，中立而不倚。左足在前，靠右足踝骨，為四十五度之式。兩肩鬆開往下垂勁，兩肘緊靠肋。兩手抱心，左手在下，右手在上，上下食指相合。頭往上頂，項要直豎，腰往下塌勁，兩胯裏根，均平抽勁。兩足後跟均向外扭勁，兩腿徐徐曲下，不可有死彎子。

身子不可有一毫之歪斜，心中不可有一毫之怒氣。起點之時，心中如同在平地立竿，心氣自然平穩沉靜，亦無偏移，謂之心與意合、意與氣合、氣與力合，此之謂內三合也。

第三節　形意兩儀學

兩儀者，拳中動靜、起落、伸縮、往來之理也。兩

手相抱，頭往上頂，開步先進左腿。兩手徐徐分開，左手往前推，右手往後拉，兩手如同撕綿之意。左手直出，高不過口，大指要與心口平，胳膊似直非直，似曲非曲，唯手腕至肘，總要四平為度，兩手五指俱張開。左足與左手齊起齊落。

兩肩鬆開均齊抽勁，兩胯裏根亦均齊抽勁，是肩與胯合也。兩肘往下垂勁，不可顯露，後肘裏曲不可有死彎，要圓滿如半月形。兩膝往裏扣勁，不可顯露，是肘與膝合也。兩足後跟均向外扭勁，不可顯露，是手與足合也，此之謂外三合也。

肩要（催）肘，肘要（催）手；腰要（催）胯，胯要（催）膝，膝要（催）足。身子仍直立，不可左右歪斜。心氣穩住，陰陽相合，上下相連，內外如一，此之謂六合也，三體因此而生也。

第四節　形意三體學

丹書云：「道自虛無生一氣，便從一氣產陰陽，陰陽再合成三體，三體重生萬物張。」

虛無一氣者，乃天地之根，陰陽之宗，萬物之祖，即金丹是也，亦即形意拳中之內勁也。萬法皆出於三體式，此式乃入道之門，形意拳中之總機關也。

第五節　形意拳演習之要義

形意拳演習之要，一要塌腰，二要縮肩，三要扣胸，四要頂，五要提，六要橫順要知清，七要起鑽落翻要分明。

塌腰者，尾閭上提，陽氣上升，督脈之理也；縮肩者，兩肩向回抽勁也；扣胸者，開胸順氣，陰氣下降，任脈之理也；頂者，頭頂、舌頂、手頂是也；提者，穀道內提也；橫者，起也；順者，落也；起者，鑽也；落者，翻也。起為鑽，落為翻；起為橫，落為順；起為橫之始，鑽為橫之終。落為順之始，翻為順之終；頭頂而鑽，頭縮而翻；手起而鑽，手落而翻；足起而鑽，足落而翻；腰起而鑽，腰落而翻。起橫不見橫，落順不見順。起是去，落是打。起亦打，落亦打。打起落，如水之翻浪，是起落也。無論如何起、落、鑽、翻、往來，總是肘不離肋，手不離心。此謂形意拳之要義也。

第一章　形意劈拳學

劈拳者，屬金，是一氣之起落也。三體總是陰陽相合，上下內外合為一氣。故其形象太極，是三體合一，是氣之靜也。氣以動而生物，其名為橫，橫屬土，土生

萬物，故內包四德。按五行循環之數，是土生金也。故先練劈拳。

劈拳者，是氣之起落上下運用之，其形象斧，有劈物之意。在腹內則屬肺，在拳即為劈。其勁順，則肺氣和。人以氣為主，氣和則體壯，氣乖則體弱，而拳亦必不通矣。

起點三體式，先將左手攥上拳往下落，到丹田氣海處，再由臍往上鑽到口。手如同托下頜狀，再與左足一齊往前起鑽，與足相齊，高不過眼，低不過口。此時襠要內開，右手從右邊拉到右肋，手心朝上握拳靠住。

右手出時，與右足齊去，隨出隨翻，手足齊落，仍與三體合一之式相同。再往前進，皆有行如槐蟲、起如挑擔之意。回身時須出去左手時再回身，取天左旋之意。

收式時，走到原起點處，回身仍還於起點三體式為止，唯右足要往前跟步，不可離前足太近。心氣沉住，提頂合口，片時休息。休息時，眼不可低頭下看，要微微仰頭上看，眼屬陽，上翻能泄陰火，頭目自清。舌頂上齶，口內若生津液，務將咽下腹內，以防喉內乾燥。

第二章　形意崩拳學

崩拳者，屬木，是一氣之伸縮，兩手往來之理也。

式如連珠箭，在腹內屬肝，在拳即為崩。其拳順則肝氣舒，其拳謬則肝氣傷。此拳善能平氣舒肝，長精神，強筋骨，壯腦力。

起點三體式。左右手同時攢上拳，如螺絲形。前肘暗含著往下垂勁，後肘往後拉勁，亦要往下垂勁；兩肩鬆開，兩眼看前手食指中節。出右手時，左足極力往前進步，右手同時往前靠著肋與前拳上邊寸許，出手如箭直去，左手同時拉回緊靠住左肋心口邊，右足亦同時隨後緊跟，到前足後邊四五寸許為度。左右手在前之高低，總要與心口相齊。

再起時，左足仍極力進步，右足仍在後緊跟，相離四五寸許。回身時，總要出去右手停住，將左足勾回，身子右轉九十度之形式。再將右手落下，手心朝裏，順著身由臍往上鑽到口，亦如同托下頜狀。右腿與右手同時往上起，右足尖朝外，斜著往上揚，勿伸腳面，高矮膝與肘相離二寸許。右手仍如劈拳式鑽出停住，右足極力往前進，左手同時與右足齊起齊落，右手同時往回拉至心口為度。兩手五指張開，仍如劈拳相撕之意，左足同時跟隨在後邊，足尖相對右足外踝骨，足後跟欠起寸許，兩腿如剪子股式。兩眼看前手大指根、食指梢，此形是狸貓倒上樹之式也。

收式時，回到原起點處，仍回身狸貓倒上樹之式，再如前出去右手與左足停住。收式時先將右足往後撤

回，左足亦往後撤，仍如剪子股式。左手同時往前直出，與心口相平直，右手亦同時往後拉至心口邊靠住，兩手皆拳。前左膝緊靠右腿裏曲，襠內不可有縫，兩眼仍看前手食指中節，兩肩兩胯裏根，抽住勁，片時休息。

第三章　形意鑽拳學

鑽拳者，屬水，是一氣之曲曲流行，無微不至也，如泉水之上翻似閃。在腹內屬腎，在拳中即為鑽。其氣和則腎足，其氣乖則腎虛，腎虛則清氣不能上升、濁氣不能下降矣。

起點三體式。兩手握拳，先將前足如劈拳式往前墊步。再出手時，前手心朝下，後手心朝上，左手往回拉至心口下、臍上，大（拇）指裏根緊靠腹，右手從左手背上出去，鑽出之手高不過眉，手心仍朝裏對自己眼睛，手離眼尺餘停住。右足與右手同時極力前進，兩足遠近與劈拳相同。手足起落要齊，兩肩兩胯抽勁，與三體式同。腰塌勁亦然，唯眼上翻看食指中節。

換手式，右拳手腕往外擰勁，手心朝下，左拳手腕往裏擰勁，手心朝上。右足墊步，兩手兩足起落進步仍與左式相同，勿差分毫。

回式時，總須左手出去，左足勾回，左手同時將拳

扣回至口處，手心朝下，手腕往外擰著勁停住。右拳手腕往裏擰勁，擰至手心朝上，如劈拳鑽出。

收式時，走到原起點處回身，手足起落與右式相同。收式時左足極力進步，唯右足緊跟在後，亦如劈拳收式跟步相同。頭頂腰塌之勁亦然，穩住片時休息。

第四章　形意炮拳學

炮拳者，屬火，是一氣之開合，如炮忽然炸裂，其彈突出，其性最烈，其形最猛。在腹內則屬心，在拳中即為炮。其氣和則心中虛靈，其拳和則身體舒暢。

起點三體式。左足往前墊步，右手與左手合成一氣往前推出。右足隨後起，過左踝骨如跨大水溝落地，左足同時提起，靠住右足裏脛骨停住。兩手一齊握拳，拉回至小腹左右靠住，兩手心皆朝上。身子仍如陰陽相合之式，腰要極力塌勁穩住。

再進步時，左手順著身子往上鑽，肘往下垂勁，極力往外擰勁，拳鑽至頭正額處，手背緊靠正額，手心朝外；右手同時起至心口直出，與崩拳相同。左足極力一齊往前進步，右足隨後跟步，相離遠近亦與崩拳步相同。兩眼看前手食指中節，前拳高低仍與心口平。手足起落，鑽翻進步，總要齊整為佳，兩肩鬆開抽勁，取其虛中之意也。

換式，先將兩手腕均朝裏擰勁，往小腹處落下，手心朝上，兩肘緊靠住肋。左足亦同時往前墊步，再起右足靠著左足踝骨往右邊斜著進步，與左式相同。

回式時，總要出去左手右足再回式，兩手仍落在小腹處。右足極力回勾，身子向左轉，提起左足靠住右足裏脛骨。再進步，跟步，右手出去、左手上翻均如前。

收式時，到原起點處，身子向左轉，如前法回身相同。右手左足出去穩住，片時休息。

第五章　形意橫拳學

橫拳者，屬土，是一氣之團聚也。在腹內則屬脾，在拳中即為橫。其形圓，是以性實，其氣順，則脾胃和緩，其拳順，則內五行和而百物生。萬物土中生，橫拳乃形意之要著也。

起點三體式。兩手一齊握拳，左拳心朝上，右拳心朝下，將右手背向左肘下出去，與左足錯綜著斜出，右足隨後跟步在後，兩足遠近與炮拳跟步同。進步時兩手擰住勁，右手腕向裏翻至手心朝上，連翻帶擰，直往前鑽到極處為度，不可有曲勁。左手腕向外擰勁，至手心朝下，同時向後拉至右肘裏側停住。兩手分開時，如同撕綿不開之意。兩肩合住勁，如扣胸之狀，暗含著抽勁，此時兩眼看右手心，兩胳膊如太極陰陽魚，高低與

前胸平。

　　換式時，先將左足往前墊步，右足再往右邊斜著進步，仍與炮拳步相同。左手再從右肘下邊，手背朝上，朝裏擰勁，直往前鑽到極處，手心朝上停住。右手腕朝外擰勁，連擰帶往後拉，兩手亦如撕綿之意，兩胳膊仍如太極陰陽魚形式。

　　出去左手、右足時再回式，先將右足往裏勾回，足後跟極力往外擰勁，左手挺住勁，回身向左轉。右手背朝上，仍從左肘下邊往左手背前出手。手足步法仍如前，勿更易。

　　收式時，練到原起點處回身如前，右手、左足出去，進步、跟步仍同前式，停住。

第六章　五拳合一進退連環學

　　連環者，是五行合一之式也。起鑽落翻，總是一氣之流行也。拳技云：「起鑽落翻之未發謂之中，發而皆中節謂之和。中也者，形意拳之大本也；和也者，形意拳之達道也。五行合一，致其中和，則天地位，萬物育矣！若知五行歸一和順，則天地之事，無不可推矣。」

　　天為大天，人為一小天，天地陰陽相合能下雨，拳腳陰陽相合能成一體。

　　內五行要動，外無形要隨。靜為本體，動為作用，

若言其靜，未露其機，若言其動，未見其跡。動靜正發而未發之間，謂之動靜之機也。先哲云：知機者其神乎。故學者當深研究三體相連、二五合一之機也。

連環拳青龍出水式。再退步與崩拳收式時剪子股式同，如行軍出左翼。

連環拳黑虎出洞式，直出右手右足，左足斜著隨後跟步，後足裏踝骨須相對前足腳後跟。右手從右肋與心口平著直出，拳仍與崩拳相同。左手腕朝裏扭勁，手心朝上，往後拉至左肋下停住。兩手出拉之時，兩肩裏根均往回抽勁；進步之時，兩胯裏根均往回抽勁。與行軍出右翼同理。

連環拳白鶴亮翅式，兩拳前後相對，均與肩平停住。退步時，右足後跟緊靠左足裏踝骨。兩拳往小腹處下落時，右拳落至左手掌中。眼睛視線隨著右手起落。身體要三曲折式，唯腰極力塌住勁，兩肩兩胯均如前抽勁，如行軍陣圖兩翼翕張之式。

再變為炮拳，右手上鑽、左手直出；右足直進、左足跟步。與炮拳相同。

退步劈拳式，兩手拇、食指皆伸直，其他指捲回，成八字手，左手要較劈拳式低些，身式也矮些，兩足距離較劈拳要大些。兩眼看左手大指根食指梢，兩肩兩胯均鬆開抽住勁。身子要陰陽相合著，腹內如同空洞相似為妙。

連環拳包裹式，亦名為橫拳。兩手仍為八字手，兩手心與兩肩暗含著抽勁。左手向裏裹，即往回拉；右手從右肋處朝裏裹，再從嘴前鑽出，到極處手心朝上，食指伸著，高與嘴平。左手回裹時，左足同時撤回至右足踝骨前邊，足尖著地，再同左手一齊出去扔回原處。同時右腿跟步，足跟欠起。此式錯綜著，身子三折形式，小腹放在左腿根上為度。

連環拳狸貓上樹式。先將左足往前墊步，再起左手右足，一齊極力前進，右手同時拉回至心口右邊，左足亦同時緊跟步。兩腿仍剪子股式，兩手皆張開。兩肩兩胯均齊抽勁。

連環拳崩拳式。先墊右足，再極力進左足、出右手，左手拉回至心口左邊，右足隨後緊跟步。手足遠近、用勁仍如崩拳相同，此為直行，亦追風趕月不放鬆之謂也。

連環拳回身仍為狸貓倒上樹式，此式如行軍敗中取勝之式。收式仍與崩拳同。

第七章　五拳生剋五行炮學

五行單習，是謂格物修身。五行連環演習，是謂齊家。是五行拳各得其所用，而又謂明德之至善也。

先哲云：為金形，止於劈；為木形，止於崩；為水形，止於鑽；為火形，止於炮；為土形，止於橫。五行

各用於其所當，乃有明德至善之謂，故名五行拳生剋變化之道也。

下編　形意天地化生十二形學

天以陰陽五行，化生萬物，氣以成形，而理即敷焉。乾道成男，坤道成女，而人道生焉。天為大天，人為小天。拳腳陰陽相合，五行和化，而形意拳出焉。

氣無二氣，理無二理，然物得氣之偏，故其理亦偏，人得氣之全，故其理亦全。物得其偏，然皆能率夫天之所賦之性，而能一生隨時起止，止於完成之地。至於人，則全受天地之氣，全得天地之理，今守一理，而不能格致萬物之理，以自全其性命，豈非人之罪哉！

第一章　龍形學

龍形者，有降龍之式，有伏龍登天之形，而又有搜骨之法。龍者真陰物也（龍本屬陽，在拳屬陰），在腹內而為心火下降。丹書云：龍向火中出是也。又云：雲從龍。在拳中為龍形。此形之勁，起於承漿穴（唇下陷坑處，又名任脈起處），與虎形之氣輪迴相接，二形一

前一後、一升一降是也。其拳順，則心火下降，其拳謬，則身必被陰火焚燒矣。

起點三體式，先將左足斜橫著朝前墊步，右足扭直，足後跟欠起。右手出去，與心口平，左手拉回，如劈拳式。兩胯裏根鬆開勁，身子伏下。小腹全放在左腿上，如龍下潛之意。兩眼仍看前手食指，腰仍塌住勁，兩肩鬆開抽勁。

換式時，仍如劈拳。唯兩腿與兩手同起同落抽換位置，如飛龍升天之意，落下四梢俱要齊。鑽手時眼跟著手往上看，下頦往前伸，有往上兜勁，取任脈起於承漿之意也。

第二章　虎形學

虎形者，有伏虎離穴之式，而又有撲食之勇也。在腹內為腎水清氣上升。丹書云：「虎向水中升是也。」又為風，風從虎，在拳中而為虎形。臀尾（名督脈，又名長強）起落不見形，猛虎坐臥出洞中是也。其拳順，則清氣上升。醫書云：督脈一通，諸脈皆通。

起點三體式，身子陰陽相合著束身一躍而去，與炮拳起式相同。

進步時，兩手腕連鑽帶翻向前撲出，兩手虎口與心口平。兩肩向外開勁，又向後抽勁。前足進步，後足跟

步，與練炮拳相同，兩眼看兩手當中。

回身時向左轉，勾右足，進左足跟右足，雙手撲出如前，穩住收式。

第三章　猴形學

猴形者，物之最精最巧者也。有縮力之法，又有縱山之能。在腹內則為心源，在拳中謂之猴形。其拳順，則心神定靜，形色純正；其拳謬，則心神搖亂，形色不合，手足亦必失宜矣。孟子云：根心生色現於面，盎於背，施於四體，亦此氣之謂也。

起點三體式變掛印式。左足向左轉，右足極力進步扣著落下，若是從北方起點，此時身子面向東北矣。再將左足同時撤至右足後邊，右手再於左手上邊出去，此式與劈拳相同。

捯繩式。右足後跟對著左足脛骨，身子三折式。右手拉至小腹處，肘緊靠住肋。左手出至口前二三寸許，手背朝上，兩手如鷹捉形式。兩胯裏根與臀尾極力往後縮，頭往上頂住勁。

爬竿式。右足極力往前墊步，左右手兩次伸直，兩次拉回，均與劈拳相同。左手出時將右腿極力上抬，大腿與小腹相挨，足尖極力上揚，再出右手落右足。此式，勁要完整。

還原於原起點處回身，為左足左手在前的爬竿式，穩住收式。

第四章　馬形學

馬形者，獸之最義者也。有疾蹄之功，又有垂韁之義。在腹內則為意，出於心源，在拳中而為馬形。其拳順，則意定心虛。

先哲云：意誠而後心正，心正則理直，理直則拳勁無妄矣。

起點三體式，將左足往前往外墊步。將雙手攢上拳，兩手腕往裏裹勁，手心朝上，兩肩鬆開抽勁。左胳膊不可回來，仍挺住勁，再將右手從左手背下出去。此時兩手心仍朝上著，兩手分開之時，右手向前推勁，左手向後拉勁，至心口前停住。兩手腕皆向外扭勁，扭至手背向上，兩拳相對。右足與右手同時極力向前進步，左足隨後微跟步，不可離前足太近。兩眼看前手食指根節，兩胳膊如太極魚形式。兩肘平抬起，兩肩均向外鬆開抽勁，穩住。

回式時，行至起點處出左手，身子向右轉，仍打出左手，停住收式。

第五章　鼉形學

鼉形者，水族中之身體最靈者也。此形有浮水之能，在腹內則為腎，在拳中則為鼉形。此形能活潑周身之筋絡，又能化身體之濁氣拙力。其拳順，筋骨能強，柔而能剛。

起點三體式，將左手裹在下頦處，手心朝上，肘緊靠肋，左足同時回至右踝骨前面。再將左手從口斜著與左足並出，與連環包裹相同。手足似落未落之時，即出右手。

換式時，再將右手裹著勁，肘靠著肋從口前鑽出去尺許，手心仍朝上。右足同時起至左足踝骨處，似靠不靠，不可落地。再將右手右足向前斜著連翻帶橫出去，兩眼看兩手食指。兩手兩足分合，總與腰合成一氣，有連環不斷之意。

回式橫出右手右足時，右足不落，速極力回扣。身子隨著向左轉，仍斜著出去左手，右足隨後跟著，亦仍如左右式練習相同。收式仍如回式，裹鑽起落相同。

第六章　雞形學

雞形者，於世最有益者也，能司晨報曉，有單腿獨

立之能，有抖翎之威，爭鬥之勇。在腹內而為陰氣初動。又為巽卦，在天為風，在人為氣，在拳謂之雞形。又能起足根之勁上升，又能收頭頂之氣下降，又能散其真氣於四體之中。

起點三體式，變金雞獨立式。先將右手從左手下出去，再抽回，肘靠著肋，手按住勁。左手亦從右手下邊出去，往前往下推住勁。右足進步落至左足前，左足提起，靠住右踝骨。兩胯、兩肩俱陰陽相合著抽住勁，身子如同繩子縛住一般。

金雞食米式。左足極力向前進步，出手、跟步均如崩拳形式，唯左手扣在右手腕上。兩眼看右手食指中節，兩肩向後抽勁，兩胯裏根亦然。

金雞抖翎式。兩拳抱在胸前，手心向裏，左手在裏邊，離胸前二三寸許。兩肩、兩肘均往下垂勁，又暗含著開勁，身子如同捆住勁一般。兩胳膊如十字形式，將右足撤回，兩腿如騎馬式，兩足跟向外扭勁；兩膝向裏扣勁；肩、胯裏根向裏抽勁亦向外開勁。右手往上鑽至正額處再翻，如炮拳翻手相同。左拳同時向下向後拉勁，至左肋後邊，手心向後，兩足扭成順式。身子亦隨著扭至與心口並右足尖相對為度。此時兩眼看右手食指根節。

金雞上架式。再將右手張開，手腕向裏扭勁，至手心朝裏，靠著身子，向左胳膊下邊穿去，手腕緊靠著左

肋；左手亦同時往右肩穿去，兩手如同用繩子將身捆住，兩頭相拉一般。兩肩往下垂勁，又往外開勁。身子陰陽相合著，三折形式。左足同時進至右足前，未落之時，右足即速抬起，於左足落地時緊靠住左踝骨。兩手相抱、相穿，兩足起落，均要相齊如一，不可參差。腰極力塌住勁，兩眼順著左手往前看，穩住。

金雞報曉式。再將右手極力從下邊、往上挑去，高與頭頂齊。兩眼跟著右手看食指梢節。左手同時拉至左肋後邊。右足同時極力往前進步。兩肩前後順著開勁，兩胯裏根亦前後順著開勁。此時身體如四面用繩子相拉，均一齊用力相爭一般。腹內空空洞洞，如天之圓，身外如地之方，此為內圓外方之意。

雞形劈拳式。將右手仍在上停住勁，右足墊步，左手左足再出去，與練劈拳相同。再出仍是劈拳，不過前手略高些，劈出右手再換式。

收式時，仍還於起點處，如劈拳回身收式同，穩住片時休息。

第七章　鷂形學

鷂形者，有束翅之法，又有入林之能，又有翻身之巧，在腹內能收心藏氣，在拳中即能束身縮體。其拳順，則能收其先天之氣，入於丹田之中，又能束身而

起，藏身而落。先哲云：如鳥之束翅頻頻而飛，行之如流水，一律蕩平矣。

鷂子束身式。起點三體式，兩手攢上拳，將右手心向上，往左手下邊出去，兩手腕均向裏裏勁，手心朝裏。右拳高與鼻平，左拳與右肘平著、挨著。左足先極力直著往前墊步，右足也極力進步，至左足前一二尺，未落之時，即將左足提起，緊靠右踝骨。兩手起鑽與兩足起落，均要齊一。此式之進步，與虎形進第一步起落相同。

鷂子入林式。再進步，兩手換炮拳，唯進左足，右足不動。此式又名順步炮拳。

鷂子鑽天式。將右拳向裏裏肘裏腕，手心朝上。將左拳亦向裏裏勁，手心向上。右拳從左手腕裏邊極力鑽出去，高與額角平。左手如捋袖一般，捋至右肘後邊，手心向下，左肘緊靠著心口。右足與右手並進，手足上下相齊，此式與鑽拳左式略同。兩眼看食指中節。

鷂子翻身式。將右手從眼前曲回在左肩處，右足同時勾回。左手在右肘下邊，靠著身子極力往下畫一半圓形。右手與左手同時分開，往後拉，拉至右肋後邊。左手畫至前邊，與右拳前後相對，如同托中平槍形式。左足俟右足勾回時，即提起與右踝骨相靠，隨後即與左手同時並出。身式步法與劈拳相同，唯身式低矮些，兩眼看前手食指中節。穩住收式。

第八章　燕形學

燕形者。鳥之最靈巧者，有取水之精。在腹內即能取腎水上升，與心火相交。《易》云：「水火既濟。」儒云：「復其真元。」在拳中即能活動腰氣，又有躍身之靈。其拳順，則心竅開，精神足；其拳謬，則腰發滯，身體重，而氣亦不通矣。

起點三體式。先將右手從左手下出去，再由額前拉回，手足身法如金雞抖翎之式。仍將身扭至面朝後，將小腹放在右大腿上，停住。

燕子抄水式。再將身扭向前來，身子扭回時，仍要極力塌勁扭回來，如書字藏鋒折筆意思相同。左手與身子合成一氣，向前伸直，手腕向裏扭至手心朝上，與足相齊。右手亦同時向後拉至右肋後邊，停住。身子回折時，身要矮，兩眼看著左手食指，身子如同伏在地上一般。身子扭過來時，將小腹放在左腿上，似停未停之時，再往前進步。

再將右手往前，向左手下邊出去，手心向上。再將左手向裏翻在右手下邊，手心朝下。兩手腕如同十字形式，亦似停未停再換式。

再將右手心扭向外，兩手一氣舉起，與肩相齊，兩眼看十字當中。右足極力向前進步，未落地時，即將左

足提起，緊靠右踝骨。同時兩手如畫上半圓形，向前後分開相對，均與肩相齊，亦如白鶴亮翅展開相同。兩眼看前手。以上總要一氣著習練。

回式與劈拳相同，再進仍是金雞抖翎式，以下仍如前循環不已。數之多寡自便，停住。

收式時，還原起點處，仍與劈拳收式同。穩住片時休息。

第九章　蛇形學

蛇形者，身體最玲瓏、最活潑者也。有撥草之能。二蛇相鬥，能洩露天之靈機，能屈能伸，能繞能蟠。在腹內則為腎中之陽，在《易》則謂坎中之一也。在拳中謂之蛇形。能活動腰中之力，乃大易陰陽相摩之意也。又如《易經》方圖之中，震巽相接，十字當中求生活之謂也。其拳順，則內中真陽透於外，如同九重天，玲瓏相透，無有遮蔽，人之精神如日月之光明矣；其拳謬，則陰氣所拘，拙勁所捆，身體不能活潑，心竅也不能通靈矣。

起點三體式，左足往前墊步，右手往左肋下極力穿去，右肩如同穿在左胳膊窩下一般。再將左手曲回在右肩上，手心向肩尖如同扣住一般。身子陰陽相合著伏下去，小腹放在左大腿根上。

再進式，右足向左踝骨處進步，不可落地，與右手同時極力斜著向右前方並出去。手心向裏側著，隨後跟步如同虎形跟步法。左手亦同時拉回至左肋後邊停住，手心向下，兩手前後相對。兩肩、兩胯向外開勁，兩眼順著前手食指梢往前看。

　　回身時，出去右式再回。右手先由上曲回在左肩處，手足、身法均向左後轉，與鷂子翻身相同。但此式是斜角。再進仍與左式相同。收式時，仍與回式相同，停住片時休息。

第十章　鮐形學

　　鮐形者，上起可以超升，下落兩掌搗物如射包頭之力，此形有豎尾之能。在腹內能輔佐肝、肺之功，又能舒肝固氣，在拳中謂之鮐形，能活肩、活足。其拳順，能實腹而道心生。

　　起點三體式，先將左足尖扭向外，身子面向正。將左手曲回，兩手攢上拳，手心向裏對在臍中處，靠著腹。

　　再將兩手如白鶴亮翅左右分開落下，左拳在左肋下，右拳在右肋下靠住。兩肩往下垂勁，右足同時直著往前進步，左足進至右足處提起，緊靠右足脛骨。腰塌勁，式微停。

再將兩手靠著肋直往前出去，手心皆朝上，兩手相離二三寸許，兩肩往下垂勁，又往後抽勁。兩眼看兩拳當中。同時左足極力進步，右足隨後跟步，如虎撲子步法相同。

回式時，出去右式，再將右足勾回，身子向左轉。兩手靠著肋直往前出去，手心皆朝上。同時左足極力進步，右足隨後跟步，仍如前，停住片時，收式。

第十一章　鷹形學

鷹形者，其性最狠最烈者也。有撲獲之精，又目能視微物，其形外陽而內陰，在腹內能起腎中之陽氣升於腦，即丹書穿夾脊，透三關，而升於泥丸之謂也，在拳中謂之鷹形。其拳順，則真精補還於腦，而眼睛光明矣。

起點三體式，起落、身形、步法仍與劈拳相同，唯手似鷹捉拿之情形，劈拳似斧有劈物之情形，乃兩形之性情不同，此故謂之鷹形。

第十二章　熊形學

熊形者，其性最遲鈍，其形最威嚴，有豎項之力。其物外陰而內陽，在腹內能接陰氣下降，還於丹田。在

拳中謂之熊形，能直頸項之力，又能復純陰之氣，能與鷹形之氣相接，上升而為陽，下降而為陰也。二形相合演之，謂之鷹熊鬥志，亦謂之陰陽相摩。雖然陰陽升降，其實亦不過一氣之伸縮也。

學者須知前式龍虎單習謂之開，此二形並練謂之合。此十二形開合之道也。

起點三體式，先將左手劈拳落下，摟回順著小腹鑽上去與眉齊，左足同時回在右足處，足後根對著右踝骨，足後根欠起。腰往下塌勁，眼往上看手心。手往上鑽，項往上直豎，兩肩往下極力垂勁，此謂之熊有豎項之力。

右手順著身子往上起，至左手處再往前往下，如鷹捉物捉去。胳膊形曲似伸，左手同時往後拉，拉至左肋停住。左足與右手同時出去，右手出去在兩腿之間，與左足相齊。右足尖點地，足後根欠起，兩眼看右手大指根、中指梢。襠合著勁，身子似鬆似捆，似開似合，穩住換式。

換式將右手落下鑽上亦如左式。次出左足右手往前墊步，再出左手右足，與左式相同。

回式時，出去左手右足。將右足尖極力往裏勾，身子向左轉，左手落鑽與左足同時並起。右手左足出去，與前練法皆相同。收式時，還原於起點處回式，穩住片時休息。

第十三章 十二形全體合一學
（即雜式捶）

雜式捶者，又名統一拳，是合五綱十二目統一之全體也。《大學》云「克明峻德」也。在拳中則四體百骸、內外之勁如一，純粹不雜。其拳順，則內中之氣獨能伸縮往來，循環無窮，充周無間也。《中庸》曰：「鬼神之謂德，其盛矣乎（喻變化無方）？」其勁不見不聞，潔內華外，洋洋流動，上下四方，無所不有。此拳之內勁，誠中形外而不可掩矣。

學者與此用心習練，可以至無聲無臭至極端矣！先賢云：拳中若練到此時，是拳無拳，意無意，無意之中是真意，此之謂也。

入林式：

直進左足，直出左拳，如炮拳；右拳上鑽外擰，拳背靠在頭正額處。

左式退步劈拳：

將右手從正額處抮下，至臍旁邊停住，肘靠肋，左手同時抽回至左肋處，左足亦同時撤回至右腿後邊。兩腿足形式，如劈拳形式相同。

右式退步劈拳：

先將左手鑽至頭左額角處，手張開，再往下抮，亦

抒至左肋處，在臍左邊停住。右足亦同時撤回至左足後邊，仍與左式退步劈拳形式相同。左右共練四式。

烏龍倒取水式：

將右手從頭正額處順著身子往下落，至肚臍處靠住。左手同時從左肋處，於右手外邊，手心向裏往上鑽，至正額處平著，相離正額二三寸許。再將右胳膊抬上去，手背靠在正額處。左手順著身子落下，手心向上靠至臍處，身子面向正前停住。

單展翅式：

將左足極力往後撤，至右足後邊落下。右足隨著亦往後撤，撤至左足處，右足後根緊對左踝骨。右手同時極力往下落至小腹處。肘與拳緊靠著脅腹，左拳仍在左脅不動。腰極力塌住勁，右邊小腹放在大腿上，身子不可太彎，眼往下看，只要鼻子與足尖相齊為度。身子陰陽相合著，肩胯抽勁仍如前法。兩眼跟著右手看，停住再往前看。

蟄龍出現式：

再前進，先進右足，極力往前進步。左手與右足同時出去，左足亦隨後跟步，如崩拳跟法相同。停住再進。

雙展翅式：

兩手一齊落回小腹處，右手攥拳，手心向上，落在左手心中。兩肘緊靠脅，身子如同捆住一般。右足同時

往回墊步，足尖仍向外斜著，兩眼往前看。

探爪式：

將右手五指張開，立著從正額處往前推出，高與眼相平，兩肩平著鬆開抽勁。

鷹捉式：

左手從心口處，望著右手上邊出去，如鷹捉；右手抽回右肋。兩足不動。

推窗望月式：

左手腕向外撐勁，斜著往外往上伸去，左足同時出去。身式要往下縮力，又要矮，兩腿與騎馬襠相同。左肩裏根極力鬆開抽勁，兩眼看左手大、二指中間，右手仍在右肋下。

三盤落地式：

左手屈回落下，與大腿根相平，相離二三寸許，手腕極力往外扭勁，胳膊如半圓形。右手同時落下，手腕向外扭勁，兩手仍是騎馬襠式不動兩眼往左往前看，兩肩鬆開往外開勁，又往回抽勁，腰往下塌勁。

懶龍臥道式：

左手如包裹勁，裏回至心口處，手心翻向下，右足同時出去，胳膊緊靠脅。右手從左手腕上邊伸出去，手心向上。兩腿與龍形步法相同。兩眼順著右手往前看，兩肩極力往下垂勁，又往外開勁。

烏龍翻江式：

左腿往前進步落下，與鷂子入林步法相同。左手於右手下邊出去，右手拉回。兩手與橫拳相同。兩眼看前手。

龍虎相交式：

右足極力提起，往前蹬去，如畫半圓形式，與心口相平為度。左手同時出去，與右足相齊。

風擺荷葉式：

兩手從前邊一齊往下落，由下往上向左邊畫一圓形，從後邊回來，再從面前往右邊推去，兩手掌皆立著，與肩相齊。右手極力伸直，左手在右肩處。右足隨著兩手往回邁步，兩腿與青龍出水剪子股式相同。兩手向後推，兩眼亦順著兩手向後看。兩肩如前抽住勁。

第十四章　十二形全體大用學
（即安身炮拳）

安身炮者，譬如天地之化育，萬物各得其所也。在腹內氣之體言也，其大無外，其小無內。在外之用言之，可以不見而彰，不動而變，無為而成。夫人誠有是氣，至聖之德，至誠之道，亦可以知，亦可以為矣。

大德者，內外合一之勁，其出無窮。小德者，如拳中之變化，生生不已也。譬如溥博源泉而時出之。如此

形意拳之道，拳無拳，意無意，無意之中是真意至矣。

　　學者知此，則形意拳中之內勁，即天地之理也，又人之性也，亦道家之金丹也。勁也，理也；性也，金丹也，形名雖異，其理則一。其勁能與諸家道理合一，亦可以同登聖域，能與天地合其德，與日月合其明，與四時合其序，與鬼神合其吉凶。學者胡不勉力而行之哉。

　　　　　　定興　孫玉奎　郭連仲　陳國棟　編錄

第二編
孫祿堂《八卦拳學》論語

《八卦拳學》自序

《易》之為用，廣大精微，而於修身治己之術尤為詳盡。「乾」文云：「天行健，君子以自強不息。」余自幼年即研究拳術，每欲闡《易》之意蘊，行之於拳術，如是者有年。然後知《易》之為用廣大精微也。

凡　例

是編為修身而作，取象於數理，立體於卦形，命名於拳術，謂之游身八卦連環掌。皆以實行體育、強壯筋骨、保護身體為正宗。

朱子云：「蓋人心之靈莫不有知，而天下之物莫不有理。唯於理有未窮，故其知有不盡也。」故以拳術時而習之，而一旦豁然貫通，則萬物之中，目有所見，心有所感，皆能效法，彼之性能而為我用矣。

此拳之性質，純以養正氣為宗旨，行天地自然之理，運用一派純正之氣，無論男女婦孺，及年近半百，皆可練習，而能祛病延年，此誠武技中儒雅之事也。

第一章　八卦拳形體名稱

古者庖羲氏之王天下，仰觀於天，俯觀於地，觀鳥獸之文，與地之宜，近取諸身，遠取諸物，始作八卦，以通神明之德，以類萬物之情。是以八卦取象命名，製成拳術。

近取諸身者言之，則頭為乾，腹為坤，足為震，股為巽，耳為坎，目為離，手為艮，口為兌。若在拳中，則頭為乾，腹為坤，腎為坎，心為離，尾閭至第七節大椎為巽，項上大椎為艮，腹左為震，腹右為兌，此身體八卦之名也。

以四肢言之，腹為無極，臍為太極，兩腎為兩儀，兩胳膊兩腿為四象，兩胳膊兩腿各兩節為八卦。兩胳膊兩腿加兩手足共六十四節，合六十四卦也。

若遠取諸物言之，則乾為馬，坤為牛，震為龍，巽為雞，坎為豕，離為雉，艮為狗，兌為羊。拳中則乾為獅，坤為麟，震為龍，巽為風，坎為蛇，離為鷂，艮為熊，兌為猴。以上皆遠取諸物也。

《內經》曰：人身皆具先後天之本，腎為先天本，脾為後天本。本者根也、源也。世上未有無根之木，無源之流。澄其源而流自長，灌其根而枝乃茂，自然之理也。

善為醫者，必先治本。知先天之本在腎，後天之本在脾，脾為中宮之土，土為萬物之母。蓋先生脾官，而後五臟、六腑、四肢百骸隨之以生而成全體。先天後天二者具於人身，皆不離八卦之形體也。

按身體言，內有八卦；按四肢言，外有八卦。以八卦之身，練八卦之數，此八卦拳術之名稱也。

第二章　初學入門三害

三害者何？一曰怒氣，二曰拙力，三曰腆胸提腹。用怒氣者，太剛則折，易生胸滿氣逆、肺炸諸症。用拙力者，血脈不能流通，經絡不能舒暢，甚至可以結成瘡毒諸害。

腆胸提腹者，逆氣上行，兩足無根，拳體不得中和，練之可以傷身，明之自能得拳學入門要道。書云：樹德務滋，除惡務本。諸君學練，慎之慎之！

第三章　入門練習九要

九要者何？一要塌，二要扣，三要提，四要頂，五要裹，六要鬆，七要垂，八要縮，九要起鑽落翻分明。塌者，腰往下塌勁，尾閭上提，督脈之理也；扣者，開胸順氣，陰氣下降，任脈之理也；提者，穀道內提也；

頂者，舌頂上腭、頭頂、手頂是也；裏者，兩肘往裏裏勁，如兩手往上托物，必得往裏裏勁也；鬆者，鬆開兩肩如拉弓然，不使膀尖外露也；垂者，兩肘往下垂勁也；縮者，兩肩與兩胯裏根極力往回縮勁也；起鑽落翻者，起為鑽，落為翻；起為橫，落為順；起鑽是穿，落翻是打；起亦打，落亦打；打起落，如機輪之循環無間也。所練之要法，與形意拳無異也。

形意拳與方圖皆屬地，在地成形，所以形意拳在十字當中求生活也。八卦拳與圓圖皆象天，天一氣上下，象一氣運陰陽，陰陽相交，即太極一氣也。八卦拳左旋右轉，兩胯裏根，如圓圈裏邊無有棱角，兩眼望著前手食指梢，對著圓圈中心看去，旋轉不停如太極一氣也。所以八卦拳在圓圖虛無中求玄妙也。

《易》經雖有方圓二形，其理無非逆中行順，順中用逆，以復先天之陽也。形意八卦雖分方圓二派，其理無非動中縮勁，使氣合一歸於丹田也。練拳術者，明乎此理，以丹田為根，以意氣力為用，以九要為準則，遵而行之，雖不中不遠矣。

第四章　八卦拳四德八能四情

四德者，順、逆、和、化四者，即拳中合宜之理也。順者，手足順其自然往前伸也；逆者，氣力往回縮

也；和者，氣力中正無乖也；化者，化其後天之氣力歸於丹田而返真陽也。

八能者，乃搬、攔、截、扣、推、托、帶、領。八者，即拳中之性也。八能者，內含六十四式，合六十四卦也。八者，正卦也，六十四者，變卦也，即為拳中之性也。

六十四卦含之於順、逆、和、化四者之中，而為德，行之於身者而為道，用之於外者而為情。情者，即起、鑽、落、翻也。且八能用時，務要周身一家，合內外一道，在觀彼之高矮，量彼之虛實，察彼之氣質，而得之於心，酌量用之，而能時措之宜。四情用得恰當，則能與性、德合而為一道也。

第六章　無極學

李東垣先生曰：「人自虛無而生神，積神而生氣，積氣而生精，此自無而之有也。練精而化氣，練氣而化神，練神而化虛，此自有而之無也。」拳術之道，生化之理，亦即此意也。

無極學，兩足如立空虛之地，動靜不能自如也。靜為無極體，動為無極用。若言其靜，則胸中空空洞洞，意向、思想一無所有，將神定住，內無所視、外無所觀也。但腹內確有至虛至無之根，而能生出無極之氣也。

其氣似霧，氤氤氳氳黑白不分，形如湍水，清濁不辨，此謂無極形式也。

第七章　太極學

太極者，無極而生，陰陽之母也。左旋之而為陽，右轉之而為陰，旋轉乃一氣之流行，太極即一氣，一氣即太極也。

以體言則為太極，以用言則為一氣。一氣活活潑潑，有無不立，開合自然，皆在當中一點子運用也。這一點子，即拳中陰陽相交之中樞也。中樞者，為人性命之本，造化之源，丹田之氣，八卦拳之根蒂也。此氣是天地之根、陰陽之母，即太極是也。

起點先將腰塌住，再將右足直著往前邁去，兩足落下如斜長方形。兩腿如騎馬式一齊扣勁，裏曲要圓滿，兩足後跟均向外扭勁，左胯與左足後跟相齊。既轉走時，右胯尖與前手食指並圓圈中心相對為標準，前膝與前足後跟上下如一條線相齊。

腰與兩手腕一氣著，如擰繩子一般往外擰勁，擰至前手食指與眼平著、直立著對準圓心，兩手虎口撐圓，如同抓著圓球相似，手腕往上極力挺勁，亦極力往前推勁，無名指與小指均有往回鉤勁的意思，後手在前胳膊肘下邊與前手一氣著推住勁、挺住勁，兩肩要鬆開，兩

肘均往裏裏勁，兩胯裏根均往回抽勁，頭、項要往上頂勁，穀道要往上提，兩肩往回縮力，要內開外合，謂之扣胸，轉走時，務要將心氣歸於丹田，不可有一處散亂，身子高矮要一律，行走時，總似鳥之束翅頻頻飛去之形，有似平水漂物，不見水流，只見物行，有安穩自然之象。

第八章　兩儀學

兩儀者，是一氣伸縮之理。左旋之則為陽儀，為氣之伸也；右轉之則為陰儀，是氣之縮也。

先哲云：「道之伸縮流行，其大無外，其小無內，放之則彌六合，捲之則藏於密。」亦即此拳之意義也。

青龍返首右推掌式。右掌伸直極力往外擰勁，擰至大指朝下，小指朝上停住；右足同時望外邁出落下，與右手上下相齊，與左足成錯綜八字。此時身子微微有往下遁縮之意。

黑虎出洞右穿掌式。將左足邁至前邊，與右足成倒八字，兩足後跟往外擰勁，兩胯裏根往回抽勁。兩手極力往裏裏勁，裏至兩手心朝上，兩肩極力往回抽勁，又往下垂勁，此時即將腰向右邊極力擰去，如擰繩子之意。左手心朝上著徐徐往右胳膊根外邊，往前往高處斜著穿出，穿至極處，如上滿的發條，不留餘隙，而內中心氣似開、似虛

之意。隨著腰向外擰勁，兩眼看所穿之左手。

　　再將左足往前直著邁出，與右足成斜長方形落下，左手連穿帶伸往外擰勁，擰至左手食指朝上直立，亦與圓圈中心相對為準則，手指高仍與眉齊。兩眼亦看前手食指梢，右手亦仍極力靠著身子，一氣推至左胳膊肘處，食指朝上穩住。兩肘仍朝下，兩肩亦極力往回抽勁，兩手腕擰勁時，亦許三五步擰過來，亦許轉走周圈擰過來勿拘。總要上下相連，內外合成一氣。

第九章　四象學

　　四象者，兩儀各生一陰陽也。以象太陰、太陽、少陰、少陽而名為四象。在腹內則為心、肝、肺、腎，在拳中則為前、後、左、右，亦即名為雙換掌也。

　　拳中起、鑽、落、翻，動而未發之謂橫。橫者亦土也，因其生生不息謂之土，因其一氣運用謂之太極。太極也，土也。

　　《易》一卦六畫，下三畫象天地人三才也，上三畫象天地人三才各有陰陽也。故左旋象下三畫，頭手足即天地人三才也；右轉象上三畫，因天地人三才各有陰陽也。八卦即四象之陰陽，六十四卦即陰陽配合之生氣。

　　四象雙換掌也，鷂子鑽天式，身子要往下縮勁，腰亦塌住，右手極力往上穿住勁，左手極力往下穿住勁。

兩眼往上看著右手，身子要穩住。

白蛇伏草式：

將右手望著左肩尖前邊扣去，身子一氣著往下縮矮。兩手再往前後分開，如同擺物一般，兩手腕均往外撐住勁，兩虎口相對，兩胳膊如半月形式。左足與左手一氣著往前邁去，足落下要半斜著如騎著大皮球相似。小腹要放在大腿上。兩眼隨著右手往左手前邊看去，兩肩兩胯極力縮住勁。腹內要似覺圓圈虛空一般，若是方能得著拳中靈妙。

第十章　乾卦　獅形學

乾卦者，天之象也。獅子掌者，拳之式也。乾者，健也，陽之性也。此式以兩手極力伸出，內外上下一氣，有乾三連之象。

其拳順，則周身血脈舒暢，氣力倍增。其拳謬，則乾遇震，而拳中不能「無妄」，乾臨坤，而心竅亦不能開通矣。學者於此，尤加謹焉。

左手與左足走時，同時往右胳膊下邊平直穿去，右手往裏裹著勁在面前二三寸許，直著往上穿去。兩足如同走路相似走去。左手心朝上往外如畫平圓圈之意，畫至食指對直圓圈中心為度。右手腕同時往外極力擰勁，擰至手心朝上，右胳膊靠著右耳處，如單手往上舉物之

意，兩手虎口上下相對，如托一長杆之形，兩肩往下垂勁，又往外開勁。兩眼仍看前手食指梢。

第十一章　坤卦　麟形學

坤卦者，地之象也。返身掌者，拳之式也。坤者，順也，陰之性也，六畫卦之名也。

此拳以兩手含住，返身轉去，內外上下和順，有坤六斷之形。其拳順，則身體輕利，轉去如風；其拳謬，則腹內不能空虛，而身體亦不能靈通矣。學者加以研究，靈巧妙用由此而出焉。

第十二章　坎卦　蛇形學

坎卦者，水之象也。順勢掌者，拳之式也。坎者陷也，坎得乾之中陽，有坎中滿之象。此拳外柔順而內剛健，有丹田氣足之形，內外如水，無隙而不入。其拳順，則丹田氣足，道心生；其拳謬，則腎水虛弱，心火不能下降矣。

余作此書，為開心竅，明心性，強筋骨，壯腦力，得其中和之性質為宗旨。

白蛇纏身式：

腰要如擰繩子相似，腹內有空虛之意。

第十三章　離卦　鷂形學

離卦者，火之象也。臥掌者，拳之式也。離者，麗也，離得坤之中陰，陰麗陽中，借陽而生明。此拳外剛健而內柔順，心中有空虛之象。其拳順，則心中虛靈，人心化，玄妙生矣。其拳謬，則拳中之神化不能得矣。

大蟒翻身式：

右腿極力往上抬，腳面挺著勁。右胳膊伸直，朝裏裏勁，手腕如抖繩子之意，抖至手心朝上；左手在身後亦同時一氣著往外擰勁，擰至手心朝外。身子要隨著往下縮勁，如彎弓之形式，而腹內總是中正空虛之意。

第十四章　震卦　龍形學

震卦者，雷之象也。平托掌者，拳之式也。震者動也，震得乾之初陽，初陽主生長，其於物也，則為龍形。其物為鱗蟲之長，有搜骨之法，有變化不測之功，有飛騰之象。以拳式之用言，則有烏龍盤柱之法，有青龍戲珠之能。以拳之形式言，謂之平托掌。

此拳外靜而內動，《丹書》云：「靜中求動之象。」又一陽初動之意。其拳順，則肝氣舒和；其拳謬，則肝旺氣怒，而身體不能入於六二爻之中和矣。學

者於此勉力求和，而無肝氣沖目之患矣。

青龍飛升式：

兩手左右如同一條直線，手心朝上著，如托著兩碗水相似。裏手食指與圓圈中心相對，兩眼看裏手食指梢。兩肩往下垂勁，又往外開勁。兩胯裏根抽勁，頭往上頂住勁，腰往圓圈裏擰勁，走時周身要一氣，諸處之勁要均勻，身子行如流水，一律蕩平矣。

第十五章　艮卦　熊形學

艮卦者，山之象也。背身掌者，拳之式也。艮者止也，艮得乾之末陽，末陽主靜，其於物則為熊形。其性最鈍，其物最威嚴，有豎項之力。以拳術之用言，則有靠身之勇，有拔樹之能，有抖搜之法。以拳之形式言，謂之背身掌。

此拳上剛健而中下柔順，有靜止之形。其拳順，則有根心生色，睟然現於面，盎於背，施於四體之意義也；其拳謬，則丹田之陽不能升於脊背，而胸內不能含合，心火亦不能下降矣。

黑熊返背式：

左手心朝上，望著右胳膊裏曲上邊穿去。左足同時邁至與右足尖相齊，成倒八字。左手穿至極處，再極力往外擰勁，擰至手心朝外。同時右手往裏裏勁，裏至手心朝

裏，再與左手一齊往外擰勁。右手心再靠著口極力往外穿去，中指與食指亦如同自口中出去之意。

黑熊探掌式：

右腿等右手到口時一齊抬起，足尖極力往下繃勁，右肘與右膝相挨。兩肩抽著勁，兩胯亦極力縮住勁，左手往外擰，擰至手心朝上。頭頂住勁，胸內開著，氣沉丹田。

第十六章　巽卦　鳳形學

巽卦者，風之象也。風輪掌者，拳之式也。巽者入也，巽得坤之初陰，初陰主潛進。其於物也，則為鳳形。其物為羽蟲之長，有展翅之功。此拳亦為獅子滾球之形。以拳之形式言，謂之風輪掌。

此拳上剛健而下柔順。其拳順，則內中之真氣散於四肢百骸，無微不至，而身形如風輪，循環無間矣；其拳謬，則元氣不能散佈於周身。

獅子抱球式：

唯兩手心要相對，如抱著大圓球相似，兩手食指均與圓圈中虛處相對。

獅子滾球式：

換左式時，先扣右足與左足尖相對，成倒八字，再往外擺左足。兩手如抱著圓球，左手隨著左足擺時，一

氣著往下落如畫圓形。

獅子翻身式：

左手往上起，亦如畫圓形。右足再往前邁，仍與左足尖相齊，成倒八字。右手隨著右足邁時，與左手一氣著往下落，與右足相齊。左手再與右手一氣著往上抬，高與頭頂平。

獅子伏地式：

左足往外邊邁去，同時左手心朝裏著往下落，亦如畫圓形畫去，右手自下往上來，兩手心相對著亦如畫圓形。在走步時，兩手亦如獅子穿掌之形式，一氣抱著大圓球之意。

第十七章　兌卦　猴形學

兌卦者，澤之象也。抱掌者，掌之式也。兌者說也，兌得坤之末陰，末陰主消化。其於物，則為猴形。其物最靈巧者也，有縮力之法，有縱山之靈。以拳式之用言，則有白猿獻果之形，有猴兒啃桃之法，有龍騰虎踞之式。以拳之形式言，謂之抱掌。

此拳上柔順而中下剛健，有縮短之形。其拳順，則肺氣清潤；其拳謬，則肺氣不和。學者深思悟會，而求肺氣清潤焉。

白猿獻果式：

兩手極力往外開勁，兩肘亦極力往一處抱勁，抱至兩肘相併，兩肘又靠著身子。兩手在前，高與胸齊，兩手又如托物一般。兩肩極力往回縮勁，兩手又一氣抱著往前推勁。兩足隨走兩手隨抱，腰極力往裏擰勁，兩眼望著裏手食指看去。

第十八章　八卦拳先天後天合一式說

《周易闡真》曰：先天八卦，一氣循環；後天八卦，分陰分陽。先天逆中行順者，即逆藏先天陰陽五行，而歸於胚胎一氣之中，順化後天之陰，而保此一氣也。後天順中用逆者，即順退已發之陰，歸於初生未發之初，返出先天之陽，以還此初生也。陽健陰順，復見本來面目，仍是先天後天兩而合一之原物，從此別立乾坤，再造爐鼎，行先天逆中行順之道，則為九還七返大還丹矣。

此真體未破者，行無為自然之道，以道全形之功也；真體已虧者，行有為變化之道，以術延命，順中用逆，以復先天之陽。

先後合一，有無兼用，九還七返，歸於大覺，金丹之事了了。分而言之，金者氣質堅固之意，丹者周身之氣圓滿無虧之形，總而言之，拳中氣力上下內外如一也，此即「易筋」之事也。

第二十章

八卦拳先天後天八卦合一圖解

須知先後天合一之理，內外卦歸一之式，二者判別，且能使先天為後天之體，後天為先天之用。無先天則後天無根本，無後天則先天不成全。

若使之先天健全，須借後天有形式之身，以行有為變化之道，則能補全先天之氣也。

今以先天而言，則為拳中無形之勁，謂之性，性即身中無形之八卦也，亦謂之先天；以後天而言，自有身形、陰陽、開合、伸縮，生出四象。

四象者，各有陰陽謂之情，情者，手足、身體、旋轉、動作，即成有形之八卦也，謂之後天。此是先後天分言，謂之開也，合而言之，人心即天理，天理即人心。

意者心之所發，身體四梢是意之所指揮也，則拳中自始至終無有乖戾之氣，則能盡其性矣。盡其性，則能復其未發意之初心。

練習先後天合一之理，唯其三害莫犯，謹守九要而不失，則四體身形隨著意，照法實力作去，久之能上下相連，手足相顧，內外如一，渾然天理，此時是先後天八卦合一之體也。

第二十一章　八卦拳陽火陰符形式

陽火陰符之理，始終兩段功夫，一進陽火（拳中之明勁也），一運陰符（拳中之暗勁也）。進陽火者，陰中返陽，進其剛健之德，所以復先天也。運陰符者，陽中用陰，運其柔順之德，所以養先天也。

陽火陰符，功力俱到，剛柔相當，健順兼全。陽中有陰，陰中有陽，陰陽一氣，渾然天理。圓坨坨（氣無缺也），光灼灼（神氣足也），淨倮倮（無雜氣也），赤灑灑（氣無拘也），聖胎完成。

一粒金丹懸於太虛空中，寂然不動，感而遂通，本良知良能面目，復還先天，一粒金丹吞入腹，始知我命不由天也。再加向上功夫，煉神還虛，打破虛空，脫出真身，永久不壞，所謂聖而不可知之之謂神，進於形神俱妙，與道合真之境矣。

第二十二章　八卦拳煉神還虛形式

還虛之式，唯手足身體，外形不要著力，俱隨意而行之。然身體亦非全不用力，其勁不過極力往回縮去，意在蓄神耳。

外形身體手足，俱以意運用之，行之以久，身體力

行，化之似覺有若無、實若虛之意。每逢靜中動時，身子移出而不知己已動，則不知有己也。每與他人比較時，伸縮往來飛騰變化，如入無人之境，而身體氣力自覺不動，是不知己之動而靜，則不知有彼也。

夫若是，則能不見而彰，不動而變，無為而成，至拳無拳、意無意、無形無象、無我無他、煉神還虛、神化不測之妙道得矣。

第二十三章
八卦拳神化之功借天地之氣候形式法

程先生曰：「得天氣之清者，為之精（精者虛也）；得地之寧者，為之靈（靈者實也）。二者皆得，方為神化之功。」

學人欲練神化之功者，須擇天時、地利、氣候、方向而練之。練時陽日起點往左旋，陰日起點往右轉，大略言之，一日一換方向；詳細言之，一時一換方向，此為天時也。地利者，須擇山林茂盛之地，或寺觀莊嚴之處，或房屋潔淨之區，此為地利也。此理練法，是借天地之靈氣，受日月之照臨，得五行之秀美，而能與太虛同體，是為上乘神化之功也。

大約天地間，凡物之美者，皆得天地之靈氣，受日月之孕育，而能成為至善之物也。拳術之道亦莫不然，

譬之大聖賢，心含萬里，身包萬象，與太虛同體，故心一動，其理流行於天地之間，發著於六合之遠，而萬物之中，無物不有也，心一靜，其氣能縮至於心中，寂然如靜室，無一物所有，能與太虛合而為一體也。或曰聖人亦人耳，何者能與天地並立也？曰：因聖人受天地之正氣，率性修道而有其身，唯身體如同九重天，內外如一，玲瓏透剔，無有雜氣摻入其中，心一思念，純是天理；身一動作，皆是天道，故能不勉而中，不思而得，從容中道，此聖人所以與太虛同體，與天地並立也。拳術之理，亦所以與聖道合而為一者也。

定興　孫玉奎　盧譯民　編錄

第三編
孫祿堂《太極拳學》論語

《太極拳學》自序

乾坤肇造，元氣流行，動靜分合，遂生萬物，是為後天而有象。先天元氣，賦於後天形質，後天形質，包含先天元氣，故人為先後天合一之形體也。

人自有知識情欲，陰陽參差，先天元氣漸消，後天之氣漸長。陽衰陰盛，又為六氣所侵，七情所惑。故身軀日弱，而百病迭生。古人憂之，於是嘗藥以祛其病，靜坐以養其心，而又懼動靜之不能互為其用也，更發明拳術，以求復其虛靈之氣。

迨達摩東來講道豫之少林寺，恐修道之人久坐傷神，形容憔悴，故以順逆陰陽之理、彌綸先天之元氣，作《易筋》《洗髓》二經，教人習之以壯其體。至宋岳武穆王，益發明二經之精義，製成形意拳，而適其用。八卦拳之理，亦含其中，此內家拳術之發源也。

元順帝時，張三豐先生修道於武當，見修丹之士兼練拳術者，後天之力用之過當，不能得其中和之氣，以至傷丹，而損元氣。故遵前二經之義，用周子太極圖之形，取河洛之理，先後易之數，順其理之自然，作太極拳術，闡明養身之妙。

此拳在假後天之形，不用後天之力，一動一靜，純任自然，不尚血氣，意在練氣化神耳。

其中本一理、二氣、三才、四象、五行、六合、七星、八卦、九宮等奧義，始於一，終於九，九又還於一之數也。

一理者，即太極拳術起點腹內中和之氣，太極是也。

二氣者，身體一動一靜之式，兩儀是也。

三才者，頭、手、足，即上、中、下也。

四象者，即前進、後退、左顧、右盼也。

五行者，即進、退、顧、盼、定也。

六合者，即精合其神、神合其氣、氣合其精，是內三合也；肩與胯合、肘與膝合、手與足合，是外三合也，內外如一，是成為六合。

七星者，頭、手、肩、肘、胯、膝、足共七拳，是七星也。

八卦者，掤、捋、擠、按、採、挒、肘、靠，即八法也。

九宮者，以八手加中定，是九宮也。

先生以河圖洛書為之經，以八卦九宮為之緯，又以五行為之體，以七星八卦為之用，創此太極拳術。其精微奧妙，山右王宗岳先生論之詳矣。

余受教於郝為真先生，朝夕習練數年之久，略明拳中大概之理，又深思體驗，將夙昔所練形意拳、八卦拳與太極拳，三家會合而為一體，一體又分為三派之形式。三派之姿勢雖不同，其理則一也。

太極拳之名稱

人自賦性含生以後，本藏有養生之元氣，不仰不俯，不偏不倚，和而不流，至善至極，是為真陽，所謂中和之氣是也。其氣平時洋溢於四體之中，沁潤於百骸之內，無處不有，無時不然，內外一氣，流行不息。於是拳之開合、動靜，即根此氣而生；放伸、收縮之妙，即由此氣而出。

開者為放、為伸、為動，合者為收、為縮、為靜；開者為陽，合者為陰；放、伸、動者為陽，收、縮、靜者為陰。開合像一氣運陰陽，即太極一氣也。

太極及一氣，一氣及太極。以體言，則為太極；以用言，則為一氣。

時陽則陽，時陰則陰；時上則上，時下則下。陽而陰，陰而陽。一氣活活潑潑，有無不立，開合自然，皆在當中一點子運用，即太極是也。古人不能明示於人者，即此也。

學者能於開合動靜相交處悟徹本原，則可在各式圜研相合之中得其妙用矣。圜者，有形之虛圈〇是也，研者，無形之實圈●是也。斯二者，太極拳虛實之理也。

此式之內，空而不空，不空而空矣。此氣周流無礙，圓活無方，不凹不凸，放之則彌六合，捲之則退藏

於密，其變無窮，用之不竭，皆實學也。此太極拳之所以名也。

凡　例

以無極式為之根，以太極式為之體，斯二者，乃拳中萬式之基礎也。以五行八卦十三勢為太極之用，又為萬法之綱也。

一氣流行，一動一靜，分合上下，內外如一，謂之練體，為知己功夫。二人打手，起落進退，左顧右盼，縱橫聯絡，變化無窮，謂之習用，為知人功夫。古人云，知己知彼，百戰百勝，此之謂也。

拳術不尚血氣，純任自然，不能傷其後天之力，專以善養人之浩然之氣為主。

專講究為修身而作，凡我同胞，無論何界，男女老幼，皆可習之，身體過儒者，可以使之強；過剛者，可以使之柔；或有身體極弱及有勞傷病症者，或因他種拳術非血氣之力不能練習者，亦均可以練之。將氣質馴至中和，氣固而神自完，祛病延年，可操勝券。

學者虛心研究，方知拳中一氣貫通之奧妙。

雖粗淺之言，可以明拳術極深之理；簡約之式，可以通拳術至妙之道。學者可以按圖模仿，虛心學習，久則玄妙自見，奇效必彰。世有同志者，余將馨香論之。

上　編

第一章　無極學

　　無極者，當人未練拳術之初，心無所思，意無所動，目無所視，手足無舞蹈，身體無動作，陰陽未判，清濁未分，渾渾噩噩，一氣渾然者也。

　　唯聖人有逆運之道，轉乾坤、扭氣機，能以後天返先天，化其拙氣拙力，引火歸原，氣貫丹田。於是有拳術十三勢之作用，研求一氣伸縮之道，所謂無極而能生太極者是也。

　　十三勢者，掤、捋、擠、按、採、挒、肘、靠，進、退、顧、盼、定也。掤、捋、擠、按（即坎、離、震、兌），四方正也；採、挒、肘、靠（即乾、坤、艮、巽），四斜角也，亦即八卦之理也。進步、退步、左顧、右盼、中定（即金、木、水、火、土也），此五行也。合上述之四正四斜為十三勢，此太極拳十三勢之所由名也。

　　以太極架子進、退、顧、盼、定言，謂之體。以掤、捋、擠、按、採、挒、肘、靠言，謂之用。又或以五行謂之經，八卦謂之緯。總而言之曰：內外體用一氣而已。

練架子時，內中精、氣、神貴能全體圓滿無虧。操練手法時，手足動作，要在周身靈活不滯。先達云：終朝每日常纏手，功夫可以知己知彼，能制人而不為人所制矣。

無極式。身子如同立在沙漠之地，手足亦無往來動作之節制，身心未知開合頂勁之靈活，但順其自然之性，流行不已。

心中空空洞洞，內無所思，外無所視；伸縮往來，進退動作，皆無朕兆。

第二章　太極學

太極者在於無極之中，先求一至中和至虛靈之極點，其氣之隱於內也則為德，其氣之現於外也則為道。

內外一氣流行，可以位天地，孕陰陽。故拳術之內勁，實為人身之基礎。在天曰命，在人曰性，在物曰理，在技曰內家拳術。名稱雖殊，其理則一，故名之曰太極。

古人云：無極而太極。不獨拳術為然，退而及於聖賢之所謂執中、佛家之所謂圓覺、道家之所謂谷神，名詞雖殊，要皆此氣之流行而已。故內家拳術，實與道家相表裏，豈僅健身體、延年壽而已哉！

第三章　懶紮衣學

　　兩手徐徐同時一氣，如抱著大氣球相似。兩手起時與吸氣同時如同畫兩條弧線。前式似停未停之時，即將兩手仍如抱著一圓球，靠著身子，與呼氣同時往回返畫弧線。

　　此種呼吸不可有聲。身子不可俯仰歪斜。兩腿要同時徐徐往下彎曲，彎至裏曲圓滿，上下似半月形，腰要塌住勁（昔人云：以腰為主宰，刻刻留意在腰間。是此意也）。兩腿裏根同時往回縮勁（語云：勁起於腳跟。亦此意也）。頭極力往上頂勁，心要虛靈（將兩肩鬆開，再將氣力用意往回收縮，用神逆運於丹田，則心自然虛靈矣）。

　　兩股前節要有力。以上登頂伸縮，皆是用意，不要用拙力。兩手仍如同抱著圓球相似，兩眼隨著兩手當中看去。

　　腹內要圓滿虛空，神氣以意逆運至丹田（神氣收斂入骨。是此意也）。左足尖仰起，足後跟著地，如羅絲軸之意。

　　左手心離著右手裏腕二三寸許，兩手再一氣往前推去。腹內要虛空（即是鬆靜），舌頂上腭，穀道上提，腰要塌勁，足蹬勁，頭頂勁（古人云：腹內鬆靜氣騰

然，尾閭正中神貫頂，滿身輕利頂頭懸。是此意也）。

自起點至五節，要一氣流行，由始至終亦要周身節節貫穿，勿令絲毫間斷。學者不可忽也。

第四章　開手學

開手學，兩手如同抱著氣球，內中之氣亦如同往外放大之意。

第五章　合手學

合手學，亦如同抱著氣球，往回縮小之意，往一處合，合至大手指相離寸許，兩手心空著，仍如抱著圓球相似。

第六章　單鞭學

兩手如捋長杆，往左右徐徐分開到極處，兩手心朝外，兩手掌直立，兩手指與眼相平。兩眼看右手食指梢。左足亦同時往左邊邁去，斜橫著落地，左膝與左足跟成一垂直線。

兩肩兩腿裏根均鬆開，腹即能鬆開，氣即能收斂入骨，神舒體靜。腹內之氣不可驟然往下壓力，要以意運

氣，徐徐下注於丹田。《道德經》云：「綿綿若存。」
亦是此意也。

第十一章　摟膝拗步學

如同手提紗燈，從頂直著往下按，按至形式圓滿，
內裏虛空著。

圓滿喻周身無虧，虛空喻腹內鬆開之意。雖然比
喻，總在學者神而明之也。

第十二章　手揮琵琶式學

身子往回撤時，神氣穩住，不偏不倚，腹內鬆靜，
周身輕靈，如同懸空之意。

內外要一氣著往後撤，不可散亂，學者宜深思之。

第十四章　如封似閉學

身子往回撤時，要一氣著，身子如同立在船上，面
向西著，船往東行，要一氣撤回，身子要平穩，不可忽
起忽落，高矮要一律。

第二十五章　倒輦猴式學

動作始末，要一氣串成，內中並無間斷，如同圓球滾一周圈，無有停滯之意。內中之氣，自胸至丹田，與坐功坐至靜極時，腹內如空洞相似，周身之神氣，全注於丹田沉住，故內家拳與丹學實相表裏，內中之氣，誠有確據，並非空談，實地練習，功久自知。

足後跟亦如螺絲之意往裏扭轉，再將右手往右邊斜著摟一弧線，大指、二指撐開，如半月形，摟至離右胯一二寸許，再將左手心向上著往上抬起，起至與左肩相平，手心再向裏著，五指張開，食指梢亦從左口角往前推去。

第三十三章　三通背學

兩腿彎曲著，兩胯裏根用意縮住勁，腰亦仍用意塌住。兩眼看右手食指根節，腹內亦仍收斂神氣於骨髓。身子雖有曲折之形式，而腹內總要含有虛空、鬆開之意，無相挨之情形。

兩手再從前邊如揪虎尾之意，徐徐落在兩胯裏根，左足與兩手往回揪落時，同時亦往回撤，撤至足後跟在右足當中約二三寸落下，足尖著地。身子與兩手往回揪

時，亦徐徐往上起，頭要往上頂。身子雖然起直，兩腿總要有點彎曲之形，腹內之氣仍要縮回丹田，腰仍要往下塌住勁。一切之伸縮、頂塌、揪等等之勁，亦皆是用意，不要用拙力。

第三十七章　雲手學

但雲手時，腰要極力塌住勁，身子微有下坐之形式，左手往右，隨著往右；右手往左，隨著往左，要與兩胳膊一氣隨著搖動。外形雖然搖動，而腹內之鬆空，及神氣注於丹田，與動作之虛靈，並各處之勁，亦仍然如前。

第三十八章　高探馬學

兩手如同抱著一大圓球相似。兩手心上下相離三四寸許，兩手離心口一二寸許。凡各式，外面雖有停之形式，而內中之意仍未停，以後均仿此。

第三十九章　右起腳學

再將兩手如單鞭式分開，右足與兩手分開時同時踢起，起至與右手相交。兩眼望著右手看去，腰微往下

塌，腹內鬆開，氣亦要往下沉。式不停，即速將足落回原處，滿足著地。兩手於右足落時，同時往一處合。左足後跟亦急速抬起，足尖著地，眼亦扭向左邊看。

第四十章　左起腳學

即速將兩手如右式分開，左足踢起，亦與右足踢起相同，手足相交亦相同。又即速將左足落回原處，足尖仍著地，兩手亦往一處合，形式如右式。又即將右足並身子微向左轉，兩眼往左邊正面看去，式微停。

第四十四章　披身伏虎學

兩手如同拉一有輪之重物，拉著非易亦非難之神氣。身子又徐徐往上起，頭也有往上頂之形式。身子雖然往上起，而內中之氣仍然往下沉注於丹田。

所以拳中要順中有逆，逆中有順也；身子往上起為順，氣往下沉則為逆矣。

第五十八章　野馬分鬃學

兩手在前邊，手心朝外著，如同兩個圓圈相套之形式。

第六十二章　右通背掌學

身子往右轉，左足同時如螺絲形往裏扣，如半八字形式，右足亦同時如螺絲形往外扭，足尖往裏扣著點，兩足仍不離原地。右手於左手往上畫時，極力虛空著往前伸勁。

兩眼順著前右手食指看去，兩肩裏根並兩胯裏根亦同時虛空著往裏收縮。收縮之理，喻地之四圍皆高，當中有一無底深穴，四面之水皆收縮於穴中之意。是在學者體察之。

第七十一章　更雞獨立學

身子於右手畫時，同時往上起。右腿極力與右手同時往上抬起，足尖要往上揚著，足後跟往下蹬著。腰亦往下塌勁，頭項穩住。

心中虛空用意往上頂勁。兩肩亦要用意往下縮勁。胳膊肘與膝相離二三寸許。左手於右手往上畫時，同時如畫下弧線，往下落至左胯處，手梢朝下。兩眼略用意往上看手梢，式微停。

再換式，左右不拘數，勿論數之多寡，總要練至左式為止。

第八十六章　進步指襠捶學

　　兩足往前邁時，身體之形式，如同一鳥在樹上，束著翅斜著往地下，看著一物飛去之意。兩足行走時，腹內之神氣及各處之勁均如前，式微停。

第九十三章　下步跨虎學

　　右手往下按時，身子同時往下屈腿塌腰，再右手心仍朝下著，即速往上起，起時如同按著大氣球，往上鼓起之意。

　　左腿於右手起時，同時極力往上抬起，足尖揚著，身子於手足亦同時往上起，全身亦如同按著氣球往上起之意，式微停。

第九十四章　轉角擺蓮學

　　兩手於右足往外擺時，同時用兩手拍右腳面，拍時先用左手，次用右手，要用兩下拍，響發連聲，不要間斷。身子是整右轉一匝。式不停。

第九十五章　彎弓射虎學

　　兩手心相對，如同抱著四五寸高之皮球，一氣著於右足落時，同時往下又往左邊，如轉一圓圈。轉至上邊，與脖項相平。

第九十六章　雙撞捶學

　　兩拳手背仍朝上著，如前邊有一物，即速往前直著撞去。

　　兩胳膊似曲非曲，似直非直。心口對著斜角，兩眼望著兩拳當中直著看去。

第九十七章　陰陽混一學

　　兩手腕如十字形式，左手裏腕離心口三四寸許。左足於兩手腕往外扭時，同時略往前邁點步，足後跟著地。此時右足作為全體之重心，兩腿仍彎曲著，兩肩及兩腿裏根與腹內均宜鬆開。

　　頭要虛靈頂住勁，舌頂上齶，穀道上提，意注丹田，將元陽收斂於氣海矣。

第九十八章　無極還原學

身子與左足往回撤時，同時往上起直，此時全體不要用力，腹內心、神、意俱杳，無一毫之思想，空空洞洞，仍還於無極，所謂神行是也。

下　編

第一章　太極拳打手用法

以太極陰陽五行操練，將神氣收斂於內，混融而為一，是太極之體也。以八勢含五行諸法，動作流行，使神氣宣佈於外，化而為八，是太極之用也。有體無用，弊在無變化；有用無體，弊在無根本。所以體用兼賅，乃得萬全。

以練體言，是知己功夫；以二人打手言，是知人功夫。練體日久純熟，能以遍體虛靈，圓活無礙，身體混融而為一體。到此時，後天之精自化，先天之氣自然生矣。即使年力就衰，如能去其人欲，時時練習，不獨可以延年益壽，直可與太虛同體。先賢云：固靈根而靜心，謂之修道；養靈根而動心，謂之武藝，是此意也。

以操手練用工純，能以手足靈活，引進落空，四兩撥千斤，神氣散佈而為十三勢，至此時，血氣之力自消，神妙之道自至矣。

　　妙用為何？即打手之招法：掤、捋、擠、按、採、挒、肘、靠八法也。總以掤、捋、擠、按四手為打手根基正手。故先以掤、捋、擠、按四手常常練習，須向不丟不頂中求玄妙，於不即不離中討消息，習之純熟，手中便有分寸，量彼勁之大小，分釐不錯；權彼勢之長短，毫髮無差，前進後退，處處恰合。以後採、挒、肘、靠四法，以及千萬手法，皆由掤、捋、擠、按四法中之變化而出，至於因熟生巧，相機善變，非筆墨所能盡，此不過略言大概耳。

　　古人云：行遠自邇。所以先將四手淺近之打法作個起點入門。亦不過使學者先得其打手之門徑。若欲深求法中之奧妙，仍宜訪求明師，用手引領，得其當然之路。終朝每日常常打手，不數月，可以得其引進落空、四兩撥千斤之要道。得其要道，可以與形意拳、八卦拳並行不悖矣。並行不悖，合三家並用，能丟而不丟，頂而不頂矣。學者須細參悟之。

第二章　打手步法

　　打手之步法有四：有靜步，即站步也；有動步，即

活步也；有合步，即對步也，即甲乙皆左皆右均是也；有順步，甲右乙左，甲左乙右皆是也。

　　初學打手，先以靜步為根，以後手法習熟，再打動步為宜。合步、順步，靜動皆可用，勿拘。若打熟之後，動、靜、合、順之步，隨時所發，並起點之手法，左右隨便所出；左右之式，亦隨便所換，均無可無不可矣。古人云：頭頭是道，面面皆真，此之謂也。

第六章　甲乙打手合一學

　　甲乙二人將兩形相合，正是兩個陰陽魚合一之太極圖也。所以形式，動之則分，靜之則合是也。動靜者亦即《易經》陰陽相摩，八卦相盪之理耳。

第六章　二人打手活步法

　　靜步熟悉後，練習合步、順步皆可隨便。手法仍與前靜步打法相同，唯足往前進時，先進前足，往後退時，先退後足。步無論合步、順步，前進、後退皆是三步。足進退與身、手法要相合。往前進步之人，是按、擠二式；往後退步之人，是捧、捋二式。往來返復，亦是循環無窮。此手法步法，亦不過初學入門之成式。

　　將此式練習純熟之後，手法、步法、進退往來，隨

時隨便所發，亦不拘矣。

第十八章　附五字訣

心　靜

心不靜則不專一，故要心靜。起初舉動，未能由己，要細心體任，隨人所動，隨曲就伸，不丟不頂，勿自伸縮。彼有力，我亦有力，我力在先；彼無力，我亦有力（非是拙力），我亦仍在先。要刻刻留心，挨何處，心要用在何處，須向不丟不頂中討消息。

此全是用意，不是用勁。久之則人為我制，我不為人制矣。

身　靈

身滯則進退不能自如，故要身靈。舉手不可有呆相，彼之力方覺侵我皮毛，我之意已入彼骨裏。兩手支撐，一氣貫穿。左重則左虛而右已去，右重則右虛而左去。氣如車輪，周身俱要相隨。有不相隨處，身便散亂，不得力，其病在於腰腿求之。先以心使身，從人不從己；後使身從心，由己仍從人。由己則滯，從人則活。能從人，手上便有分寸。量彼勁之大小，分釐不錯；權彼來之長短，毫髮無差。前進後退，處處恰合，

功彌久而技彌精。

氣　斂

氣勢散漫，便無含蓄，務使氣斂入脊骨，呼吸通靈，周身罔間。吸為合、為蓄，呼為開、為發。

蓋吸則自然提得起，亦拿得人起；呼則自然沉得下，亦放得人出。此是以意運氣，非以力運氣也。

勁　整

一身之勁練成一家，分清虛實。發勁要有根源，勁起腳跟主腰間，形於手指，發於脊背。又要提起全副精神，於彼勁將出未發之際，我勁已接入彼勁，恰好不後不先。如皮燃火，如泉湧出，前進後退，無絲毫散亂。曲中求直，蓄而後發，方能隨手奏效。此謂借力打人、四兩撥千斤也。

神　聚

上四者俱備，總歸神聚。神聚則一氣鼓鑄。練氣歸神，氣勢騰挪，精神貫注。開合有致，虛實清楚。左虛則右實，右虛則左實。虛非全然無力，氣勢要騰挪；實非全然占煞。精神要貴貫注，緊要全在胸中、腰間。力從人借，氣由脊發。胡能氣由脊發？氣向下沉，由兩肩收於脊背，注於腰間。

此氣由上而下也謂之合；由腰形於脊骨，布於兩膊，施於手指，此氣之由下而上謂之開。合便是收，開便是放。能懂得開合，便知陰陽。到此地位，功用一日，技精一日，漸至從心所欲，罔不如意矣。

撒放秘訣　擎、引、鬆、放四字

擎開彼勁借彼力（中有靈字），引到身前勁始蓄（中有斂字）；鬆開我勁勿使屈（中有靜字），放時腰腳認端的（中有整字）。

走架打手行功要言

昔人云：能引進落空，便能四兩撥千斤。予加數語以解之，俾有志斯技者，得所從人，庶日進有功矣。欲要引進落空，四兩撥千斤，先要知己知彼。欲要知己知彼，先要捨己從人。欲要捨己從人，先要得機得勢。欲要得機得勢，先要周身一家。欲要周身一家，先要周身無有缺陷。欲要周身無有缺陷，先要神氣鼓蕩。欲要神氣鼓蕩，先要提起精神。欲要提起精神，先要神不外散。欲要神不外散，先要神氣收斂入骨。欲要神氣收斂入骨，先要兩股前節有力，兩肩鬆開，氣向下沉；勁起於腳跟，變換在腿，含蓄在胸，運動在兩肩，主宰在

腰。上與兩膊相繫，下與兩腿相隨。勁由內換，收便是合，放即是開。

靜則俱靜，靜是合，合中寓開；動則俱動，動是開，開中寓合。

觸之則旋轉自如，無不得力，才能引進落空，四兩撥千斤。

平日走架是知己功夫，一動勢先問自己周身合上述項否？少有不合，即速改換，走架所以要慢，不要快；打手是知人功夫，動靜故是知人，仍是問己。自己安排得好，人一挨我，我不動彼絲毫，趁勢而入，接定彼勁，彼自跌出。如自己有不得力處，便是雙重未化，要於陰陽開合求之，所謂知己知彼，百戰百勝也。

定興　孫玉奎　張新元　編錄

第四編
孫祿堂《太極劍學》論語

《八卦劍》自序

伏羲之卦先天也，文王之卦後天也。劍之本體太極，先天也；劍之縱橫離合，後天也。唯其有先天之體，故寂然不動；唯其有後天之功，故變化莫測。所謂散則萬殊，合則一本也。

自其用言之，曰：八卦劍；自其體言之，實即太極劍也。

緒　言

八卦劍學，實出於八卦拳中，習者應以八卦拳為主，以八卦劍為輔。各派劍術莫不以拳術為基礎。諺云：「精拳術者未必皆通劍法，善劍法者未有不精拳術。」誠知言也。

此劍之性能，純以扶養正氣為宗，一切引證均與道理相合，而諸法巧妙亦寓於是。

八綱者，乾、坤、坎、離、震、艮、巽、兌八卦也，亦即八正劍也。至於變劍無窮，要不出乎八綱之外，而八綱又係乾坤二卦所生。書中節目，實即衍此乾坤二卦也。

劍術步法，不外數學圓內求八邊之理，勾、股、弦

之式，其手法亦不外八線中弧、弦、切、矢之道。立法如是，學者亦毋毋拘拘語其究竟，求我全體無處不成一〇而已。

劍之練法雖係走轉圓圈，而方、圓、銳、鈍、曲、直各式即含於其中，練至純熟而後，則縱橫、斜纏、上下、內外聯絡一氣，從心所欲，無入而不自得，無往而非其道矣。

此劍名為走劍，又名轉劍，或一劍一步，或一劍三四步，動作步法即是行走旋轉。

學者實力作去，久之，精妙自見，奇效必彰。世有同志者，願將此道極力擴充，傳流後世，不令淹沒，庶不負古人發明此道之苦心，著者有厚望焉。

第一章　左右手納卦訣

右手執劍，手虎口朝上或向前，謂之中陰中陽；自中陰中陽往裏裏，裏至手心側著，謂之少陽；自少陽往裏裏，裏至手心向上，謂之太陽；自太陽再往裏裏，裏至極處，謂之老陽。又自中陰中陽往外扭，扭之手背斜側著，謂之少陰；自少陰扭至手背向上，謂之太陰；自太陰再往外扭，扭至極處，謂之老陰；再手中陰中陽，胳膊往下垂著，劍尖向前指著，或劍尖朝上，皆謂之中陰中陽；劍從下邊中陰中陽著往身後邊去，劍尖向外

著，謂之老陰；右手在下邊中陰中陽著，劍尖向前，手不改式，拉至後邊劍尖仍向前，此式仍謂之中陰中陽。此右手執劍之訣竅也。

左手之訣竅，中、二指與大指伸著，無名指與小指屈著，但非舞劍一定不易之訣，亦有五指俱伸之時。然亦因式而為，蓋左手五指之伸屈，藉以助右手運劍之用，不必格外用力。至其陰陽老少扭轉之式，與右手相同。此左手之訣竅也。

第二章　練劍要法八字

走、轉、裹、翻、穿、撩、提、按為練劍要法八字。走者，行走步法也；轉者，左右旋轉也；裹者，手腕往裏裹勁也；翻者，手腕向外翻扭也；穿者，左右、上下、前後穿去也；撩者，或陰手或陽手，望著前後撩去，或半弧，或圜形，因式而出之也；提者，劍把往上提也；按者，手心裏邊向下按也。

第三章
八卦劍左右旋轉與往左右穿劍穿手之分別

自北往東走，旋之不已，謂之左旋；自北往西走，轉之不已，謂之右轉。凡往左胳膊或左足處穿劍或邁足

者，謂之左穿左邁；往右胳膊或右足處穿手或邁足者，謂之右穿右邁。

第四章　無極劍學

無極之理，天地之始也。丹書云：「道生虛無，返還練虛合道。」是此意也。

起點面正，身子直立，兩手下垂，兩足為九十度形式。右手執劍，手為中陰中陽之訣式，劍尖與劍把橫平直。左手五指伸直，手心靠著腿，兩手兩足不可有一毫之動作。心中空空洞洞，意念思想一無所有，兩目往平直線看去。神氣定住，此式自動而靜，即為無極形式。

此道執械則為劍，無械即是拳，所以八卦拳學於各種器械莫不包含，學者可並參之。

第五章　太極劍學

太極者，劍之形式也，左旋之而為乾象，右轉之而為坤形。是內中一氣之流行也。

一氣為慧劍，在形意拳中謂之先天無形之橫拳，在八卦劍中謂之太極。

劍之動作規矩法規，無不是內家拳術之道與丹道學之理。

起點先將腰塌住勁，頭往上頂住勁，兩肩往下垂著勁，舌頂上齶，口似張非張，鼻孔出氣，呼吸要自然，不可著意。兩足亦往上蹬勁，諸處之勁皆是自然用意，不要用拙力，再將左手大、中、二指伸直，無名指與小指用力屈回。有時也可五指俱伸，因劍之形式而定。

將右足往裏扭直，與左足成四十五度之式，兩手自中陰中陽皆與右足往裏扭時，亦同時往外扭，扭至兩手皆至太陰式停住。再將兩腿徐徐曲下，不可有死彎子。右手劍太陰著，劍尖往著左足前平著伸去，與左足尖前邊成一交會線。劍把、劍尖與心口平。左手太陰著往右胳膊肘後下邊穿去，手背挨著右胳膊，左胳膊靠著心口，兩眼望著劍尖看去。將神氣定住，頭頂、兩肩下垂，有往回縮之意。皆是自然，不可用拙力，方可得著中和之氣而注於丹田也。

第六章　乾卦劍學

乾卦者，天之象也。乾卦劍者，有老陽左旋之義。動作旋轉俱是一氣所行，皆是用意。

蜇龍翻身式：

右手劍往外扭、往上抬至老陰，手背到頭額處停住，劍尖仍與心口相平。此劍之理有動根不動梢之式。左手往外扭、往下伸至老陰，到小腹處停住。中、食二

指指地，腰往下坐勁，兩腿往下屈，頭虛靈頂住，兩肩亦往下垂勁，左腳跟欠起，兩眼看劍尖。

天邊掃月式：

右手劍往上起過頭，胳膊往上伸直又往右邊掃去，掃至手太陰著與右肩平停住；左手同時往左邊摟去，至手太陰與左膝相齊，上下相離四五寸許。左足同時極力順著左手邁去，足尖扣著點落地。頭虛靈頂住，兩肩鬆開，腰塌住勁，兩腿裏根均往裏縮勁。頂、鬆、塌、縮皆是用意，右邊小腹放在右邊大腿上，兩眼看劍之中節。

掃地搜根式：

右手劍往左下邊掃去，至太陽劍停住，肘靠著右脅前邊，兩肩要鬆開，腹內要鬆空，劍在右足尖前邊斜直著。右足同時邁至與左足成倒八字形式，兩足尖相離一二寸許。左手同時往上抬起，轉至老陰與頭平，大指與左額角相離二三寸許停住，兩眼看劍尖。

白猿托桃式：

右手劍往裏裹，至老陽劍刃上下著，手與口平，劍尖與右肘成斜三角形式，胳膊如半月形式，腰亦同時向右胯扭轉。右腿裏根極力往回縮，襠內要圓滿，兩眼看劍尖。左手從頭上往外又往上伸至老陰，虎口在左耳上邊對著劍尖。右足斜著往前邁去，與左足成斜長方形式。兩足遠近以旋轉時，不移動身形及重心為至善處。以上總要一氣貫穿為妙。

第七章　坤卦劍學

坤卦者，地之象也，坤卦劍者，有老陰右轉之義。

日月爭明式：

從白猿托桃左旋時，即將左足往右足尖邁去，與右足成倒八字形式，右手劍往外翻，往下掃，成太陰劍停住，劍身平直，右手與右足上下相齊，與心口平。右足同時邁至右邊，與左足成大斜長方形式。左手往下落為太陰，虎口與左脅平，相離二三寸許。兩腿裏根鬆開勁，襠如半月形，小腹放在右腿根上。兩肩鬆開勁，腰塌住勁，頭虛靈頂住。

流星趕月式：

右手劍往右邊提轉，至右手高與鼻平，劍尖與腿根平；左手往右胳膊裏根連穿帶裏穿去，至太陽停住。左足邁至與右足成倒八字形式。身子右轉，眼順著右手看去。

青龍返首式：

右手劍往外翻，又往左、往前極力穿去，手至老陰停住，手高與頭平，手背離頭二三寸許。劍尖與左胯相平。左手翻至老陰，手腕塌住，靠著身子往右邊推住勁；左足往外邁與右足成斜長方形式，兩眼看劍尖，腰與左腿根往左扭轉，但總要一氣串成。

第八章　坎卦劍學

坎卦者，水之象也。劍之形式如流水順勢之意。於此劍中用之，變換最巧者也。

天邊掃月式：

從青龍返首式，將右足邁至前邊，與左足成倒八字形式，即將劍往右邊掃去至太陰，手與右肩平，停住，劍尖略比劍把仰高點。

左手同時往左邊摟去，至手太陰與左膝相齊，上下相離四五寸許。左足順著左手邁去，足尖往裏扣著點落地，兩眼看劍之中節。

仙人背劍式：

將右手劍往裏裏掃，又往上提，裏至右手老陽與頭平，離頭四五寸許，劍刃與右肩尖上下相齊。兩眼回頭看劍尖裏邊五六寸許。右足同時往左足尖處邁去，落地與左足成倒八字形式。左手腕塌住勁，同時向右推去，大指根靠著臍。

仙人換影式：

右手劍抬起過頭，再往裏裏掃至頭左邊，再往下落，至左胳膊中節上邊，至少陰停住，右手離左胳膊二三寸許，劍尖高與眼平，又劍尖與左胯尖並左肩尖相對，兩眼看劍尖裏邊三四寸許。

身子與腰如螺絲意往左邊扭轉，左手往右脅處極力伸去，手背挨著右肘後邊停住。左足往左邊直著邁去，與右足成斜長方形式，以上務要精神貫注、氣歸丹田。

第九章　離卦劍學

離卦者，屬火也，空中之象也。此離卦劍之中有托、換、搜、抹，虛空、靈妙之法。

日月爭明式：

起點從白猿托桃式，即將左足往右足尖處邁，與右足成倒八字形式。右手劍往外翻又往下掃，至太陰停住，劍把與劍尖相平直，高與心口平，手與右足尖上下相齊。

右足同時邁至右邊，與左足成一大斜長方形式，兩足之遠近，以手與右足尖上下成一直線為度。左手往裏裏又往下落至太陰、虎口與左脅平，相離二三寸許。兩眼看劍吞口前三四寸許。

白猿偷桃式：

右手劍往外翻扭，又往上起至老陰，手高與頭平，手背離頭三四寸許，劍尖與左胯成一平直線。左手同時往裏裏，又往右胳膊下節中間極力穿去，至手太陽與心口平。左足同時邁至右足尖處，與右足成倒八字形式，兩眼看劍尖裏邊四五寸許。兩腿彎曲著。

仙人脫殼式：

右手劍從頭前往上起，又往外翻扭，至太陽又從頭上往右胯前邊落下去，手至少陽，與右腿裏根平，與右胯跟相離一小臂距離為度，劍尖與右肩尖成一平直線。翻身時眼看著劍過來，停住時兩眼看劍尖裏邊六七寸許。兩腿裏根與腰同時向右扭轉。左手同時往外翻扭，又往上起至頭上，胳膊伸到極處，手轉至老陰，虎口對著右手。右足亦同時往右邊邁去，落地與左足成斜長方形式。內中神氣務要一貫。

第十章　震卦劍學

震卦者，動之象也。在卦為雷，五行屬木，有青龍之象。在劍有上下左右穿刺之形式。

白蛇伏草式：

從青龍返首式，右手劍老陰著，左足在前，即將右足邁至左足尖處，成一倒八字形式。再將右手劍往裏裏，又往下落，至手中陰中陽、胳膊半月形式，劍與兩胯相平行，劍離身一二寸許，手離右腿根四五寸許。左手同時往左邊摟去，胳膊伸至極處，老陰著與劍尖相平，成一直線。

左足同時往左邊邁去，與左手梢上下相齊為度。兩腿彎曲，下腰塌住勁，身子往前俯著點，小腹放在左大

腿根上，兩眼看左手中、二指梢。

潛龍出水式：

即將左足稍抬起極力往外扭，右手劍中陰中陽著往前直著穿去，至極處再按把，劍尖往上挑起，胳膊直著，劍尖微外坡著點，劍把與左手相平。右足同時往前邁去，足尖往裏扣著，落地與左足成倒八字形式，兩足尖相離五六寸許。左手同時往裏裏推至太陰，大指根靠住心口下邊。兩眼於劍往前穿時看劍尖，俟劍尖抬起停住時看劍身。腰塌住勁。

青龍探海式：

右手劍往上起，劍尖從眉前往前又往下老陰著極力探去，手與心口相平，劍尖與左足成一平線；左手同時往裏裏又往上至正額上邊扭至老陰停住。左足同時抬起，腳面腆著，足心在右膝上邊挨住，腰塌住勁，兩腿裏根縮住勁，兩眼看劍尖。內中一氣貫穿。

第十一章　艮卦劍學

艮卦者，山之象也。艮其背不獲其身，行其庭不見其人。此劍有止而不進之意。

黑虎出洞式：

從青龍返首劍，即將右足邁在左足尖處，與左足成倒八字形式。即將右手劍往裏裏又往下落，至手中陰中

陽，與右腿根相平，離右腿根四五寸許；劍離身一二寸許。左手往裏裏、往下伸至極處，手老陰著與劍尖成一平直線，兩眼看左手中、二指梢。左足同時往左邊邁去，足尖與左手上下相齊。

即將右手極力平著往前刺去，劍尖、劍把與心口平，兩眼看劍尖；左手於劍刺至極處時，五指俱伸開扣在右手腕上。左膝往前弓，右腿極力蹬直，左小腹放在左大腿根上。頭頂，腰塌住勁，兩肩往回縮住勁，身子往前俯著點。

白蛇吐信式：

右手往下按劍把，劍尖往上起，一條弧線著往右邊來。右胳膊屈回時，靠至右脅，右手轉為老陽，離胸前一二寸許，劍尖與劍把平直。左手同時往裏裏至太陽，再從右手腕裏邊，胳膊靠著身子往外扭，至左腿根手轉成太陰。

左足同時扭足跟，足尖往裏扣，與右足成斜長方形式。右手劍仍老陽著往前刺去，胳膊伸至極處，手與上胸平，兩眼看劍尖。左手同時往左邊摟去，胳膊伸至極處，手轉成老陰，手高與左脅平，兩腿彎曲著。

青龍截路式：

將右手劍往裏翻扭至太陰，手與右足尖上下對齊，高與胸平，劍尖與左肩成一平線。兩眼看劍中。右足尖同時往外擺，落地兩足成側八字相似。左手老陰著往裏

裏，至太陽靠住左脅。兩腿曲著，兩腿根縮住，腹內要鬆空。

白猿偷桃式：

右手劍往外翻，又往上起至手老陰，手高與頭平，手背離頭三四寸許，劍尖與左胯成一平直線。同時左手仍太陽著往右胳膊下節中間極力穿去，手與心口平。左足同時邁至右足尖處，與右足成倒八字形式，兩眼看劍尖裏邊四五寸許。兩腿彎曲著。

仙人入洞式：

右手劍從頭前往上起，又往外翻扭到極處，又從頭上往右邊，胳膊直著，如返掃弧線往右下邊掃去，手至少陽與小腹平，手離小腹尺許。

劍尖與右足尖相平。右足同時極力提起，足心挨著左膝上邊，腳面膊著。左手同時往外翻扭，又往上起至頭上，轉至老陰，大指根對著右手。左腿彎曲著，兩腿裏根往裏縮勁，腰塌住勁。

日月爭明式：

即將右足往右邊邁去，落地與左足成斜長方形式。右手劍同時往外翻扭，往下如掃下弧線，至手太陰停住，劍把與劍尖相平直，手與右足尖上下相齊，高與心口平。

同時左手順著身子往下落，裏至太陰，虎口與左脅平，相離二三寸許，胳膊半月形式，手腕往後撐著勁挺

住。兩眼看劍吞口前三四寸許。勁力與前相同。

流星趕月式：

右手劍太陰著往右邊提轉，至手高與鼻平，劍尖與腿根平。左手同時往裏裏，靠著左脅往右胳膊裏根連穿帶裏穿去，至右胳膊裏根手太陽著停住。左足同時往前邁去，至右足尖處與右足成倒八字形式。兩腿彎曲著，身子與腰同時往右轉。兩眼看右手。

第十二章　巽卦劍學

巽卦者，在天為風，在人為氣，在卦為巽，在劍有順旋、逆返之式，有混合散收之理。

葉裏藏花式：

起點白猿托桃式，將左足邁至右足尖處，與右足成倒八字形式，再將右手劍往外翻扭至手太陰，右足同時往右邊邁去，落地足尖往外擺著，身子同時往右扭轉。右手靠著左脅，劍平直著，劍之所指與左足根上下成一直線。左手同時往裏裏，又往下落，至手太陽，胳膊直著高與心口平。兩腿裏根縮住勁，腹內鬆空著，兩眼順著右脅往前平著看去。

即將左足邁至右足尖處，與右足成倒八字形式。再將右足往右邊邁去，與左足成斜長方形式。右手劍太陰著往右邊橫平著掃去，與左足根上下成一平行直線，兩

眼看劍尖。

同時身子往右邊扭轉，左手太陽著與右手分開伸至極處，兩胳膊左右相平。腹內鬆空，神氣定住。

猛虎截路式：

兩足不動，即將右手劍太陰著往裏裹，又往上起至老陽，從頭上如掃弧線掃至左邊來，手裹至老陰，離頭五六寸許，高與頭平，劍尖仍與後腰平直，兩眼看劍尖。再將頭與身子扭轉左邊來。左手同時往臍處翻扭至太陰，順著身子往右脅伸去至老陰停住，大指根靠著右脅，兩腿彎曲著，腹內鬆空，氣沉丹田。

第十三章　兌卦劍學

兌卦者，澤之象，有金義焉。此劍有片、撩、劈、剁之形，有搜捉之理，皆剛屬之義。

片膀式：

從白猿托桃始，即將左足邁至右足尖處，與右足成倒八字形式。右手劍老陽著往左膀尖外邊片去，右手挨著左腿裏根，劍身中陰中陽著，劍尖與左肩平，兩眼看劍尖。左手同時往裏裹，又往下落至臍處，再往上穿去至中二指與頭齊，手太陽著（手心對面即是太陽）。兩腿屈下，腰塌住勁，兩腿裏根往回縮住。

回馬劍式：

將右手劍從左腿根處往右邊又往上提撩，至右手與肩平，手外扭至老陰，劍尖往前斜指著，高與膝平。兩眼看劍尖。左手順著身子往下落至臍處，手心挨著身子。右足同時往前邁去，腳尖微往外扭著點，步之大小以走轉時行步自然為佳。

回頭望月式：

右手劍往上提起至頭上，再往右邊走一上弧線往後劈去，手中陰中陽著，劍尖往外仆著點，手高與胸平，兩眼看劍中間。身子同時往右扭轉。左手同時往前又往下斜著伸去，手與腿根平。右手劍往後劈時，左手再往上，起至與右手相平，手太陰著停住。左足同時邁至前邊，足尖外擺著點，右足亦同時邁至前邊，足尖外擺著。邁步與自然行路無別。

仙人釣魚式：

右手劍如畫弧線，劍刃直著往下落，至劍尖與劍把相平。左手亦如畫弧線，同時往上起，過頭仍是太陰，與右手上下前後成一斜直線。

左足同時往前邁去，足尖極力外擺著，再將右手劍如畫下弧線往前邊撩去，撩至手老陽，高與胸平，劍尖與右脅平，兩眼往右手前邊看去。左手同時往外扭，至老陰如畫上弧線，往左邊來又往下落，至與右手相平，胳膊直著，手又轉至老陰。

右足亦同時邁至前邊，足尖極力往裏扣著，與左足成倒八字形式，兩足尖相離四五寸許，再將右手劍老陽著，胳膊直著如畫上弧線往左邊砍去，胳膊伸至極處，手中陰中陽著，高與心口下、臍上相平。

　　身子同時向左扭轉，兩眼看劍尖。左手太陰著往裏裏到小腹處，手心又順著身子往上起，胳膊伸到極處，手扭成老陰。左足同時極力抬起，腳面腆著，足心挨著右膝上邊，兩腿裏根往裏縮住勁，頭頂住勁，總一氣貫穿為要。

第十四章　八卦劍應用要法十字

　　八卦劍應用要法十字為：挑、托、抹、掛、片、搜、閉、掃、順、截。

　　挑者，手老陰著如青龍返首式，多在敵劍裏，往前挑住敵人之手腕或胳膊，謂之挑。

　　托者，手老陽著，如白猿托桃式，多在敵劍外，往前托住敵人之手腕或胳膊，謂之托。

　　抹者，將敵之手腕或胳膊挑住或托住，身形與劍或左或右走去，謂之抹。

　　掛者，用劍迎在敵劍上邊，屈回胳膊，縮回身體，與劍一氣往回帶敵之劍，隨帶隨出。

　　片者，敵劍或手將及吾左臂時，吾用劍往自己左肩

前邊迎著砍去，謂之片。

搜者，望著敵手腕或左或右似削物然，速去速回，倏忽若電，謂之搜。

閉者，用劍堵住敵手，不令出劍，謂之閉。

掃者，望著敵之手腕或腿，上下如掃地一般砍去，謂之掃。

順者，隨敵來去之勢，或引而化之，或送而擊之，謂之順。

截者，用劍擋住敵之上、中、下三路，令彼不能得勢，謂之截。

第十五章　八卦變劍要言

八卦劍之道，有正劍，有變劍。正劍即體劍，亦即八綱劍也。變劍者，自八綱劍聯合錯綜變化，而生無窮之形式也。譬之易卦，伏羲八卦為先天卦，是體卦也；文王六十四卦為後天卦，是變卦也。至於周公三百八十四爻，則又變中之變也。

劍變身不變者有之，身變劍不變者有之。手與劍不變而足變者故謂之變，身、劍、手、足者不變，唯眼神所注，上下左右有所移換則亦變也。

一身之變化與天地生物不測之意正同，然學者即身體驗，時習力行，求其正即以達其變，見仁見智，識大

識小亦各存乎其人，久久純屬，道理自得充於中，形於外，從心所欲，罔或逾矩。靜則存動，變則變而至於化，化而通於神，正劍云乎哉，變劍云乎哉。

第五編

孫祿堂《拳意述真》論語

自 序

　　夫道者，陰陽之根，萬物之體也。其道未發，懸於
太虛之內；其道已發，流行於萬物之中。夫道一而已
矣。在天曰命，在人曰性，在物曰理，在拳術曰內勁。

　　內家拳術，有形意、八卦、太極三派。形式不同，
其極還虛之道則一也。《易》曰：一陰一陽之謂道，若
偏陰偏陽，皆謂之病。夫人之一生，飲食之不調，氣血
之不合，精神之不振，皆陰陽不和之故也。

　　古人創內家拳術，使人潛心玩味，身體力行，以合
其道，則能復其本來之性也。

　　三派拳術，形式不同，其理則同，用法不一，其制
人之中心，而取勝於人者則一也。

　　三派拳術之道，始於一理，中分三派，末復合為一
理。其一理者，三派亦有所得也。形意拳之誠一也，八
卦拳之萬法歸一也，太極拳之抱元守一也。

　　古人云：「天得一以清，地得一以寧，人得一以
靈，得其一而萬事畢也。」

　　三派之理，皆以虛無而始，以虛無而終。所以三派
諸位先生所練拳術之道，能與儒、釋、道三家，誠中、
虛中、空中之妙理合而為一者也。

　　余深恐諸位先生之苦心精詣，久而淹沒，故述之以

公同好。唯自愧學術譾陋無文，或未發揮諸位先生之妙旨。望諸同志隨時增補之，以發明其道也。

第四章　形意拳

郭雲深先生言

「形意拳術，有三層道理，有三步功夫，有三種練法。」三層道理：練精化氣，練氣化神，練神還虛；三步功夫：易骨、易筋、洗髓；三種練法：明勁、暗勁、化勁。

易骨者，是拳中之明勁，練精化氣之道也。將人身中散亂之氣，收納於丹田之內，不偏不倚，和而不流。用九要之規矩鍛鍊，練至六陽純全，剛健之至。即拳中上下相連，手足相顧，內外如一。至此拳中明勁之功盡，易骨之勁全，練精化氣之功亦畢矣。

暗勁者，拳中之柔勁也，即練氣化神、易筋之道也。拳中所用之勁，是將形、氣、神（神即意也）合住。兩手往後用力拉回（內中有縮力）。其意如拔鋼絲。前手往前推，後手往回拉，其意如撕絲棉。又如兩手拉硬弓，要用力徐徐拉開之意。兩手往外翻橫，或往裏裹勁。拳經云：「裹者，如包裹之不露。」兩手往前推勁，如同推有輪之重物，往前推而推不動之意。所用

之勁，如同手往前往下按物一般。後足用力蹬勁，如同邁大步、過水溝之意。拳經云所「腳打踩意不落空」，是前足。「消息全憑後腳蹬」，是後足。兩足進退，唯明勁有聲，暗勁無聲耳。

化勁者，即練神還虛、洗髓之功夫也。是將暗勁練到至柔至順。丹經云：「陰陽混成，剛柔悉化，謂之丹熟。」柔勁之終，是化勁之始也。所以再加向上功夫，用練神還虛，至形神俱杳，與道合真。拳經謂之「拳無拳，意無意，無意之中是真意」，是謂之化勁，練神還虛、洗髓之功畢矣。周身內外，全用真意運用，所用之力，有而若無，實而若虛。腹內之氣，意在積蓄虛靈之神耳。呼吸似有似無，與丹道功夫歸爐、沐浴之時呼吸相同。因此似有而無，皆是真息，是一神之妙用也。莊子云：「真人之呼吸以踵。」即是此意。用功練去，不要間斷，練到至虛，身無其身，心無其心，方是形神俱妙，與道合真之境。此時能與太虛同體矣。以後練虛合道，能至寂然不動，感而遂通，無可無不可也。拳經云：「固靈根而動心者，武藝也；養靈根而靜心者，修道也。」所以形意拳術，與丹道合一者也。

形意拳之道無他，神、氣二者而已。丹道始終全仗呼吸，大小周天，以及還虛之功者，皆是呼吸之變化耳。拳術之道亦然。文武剛柔、隨時消息，此皆是順中用逆，逆中行順，用其無過無不及中和之道也。

練形意拳術，有三層之呼吸。第一層練拳術之呼吸，任其自然，手足動作合於規矩，是為調息之法則，亦即練精化氣之功夫也。

第二層練拳術之呼吸，著意丹田之內呼吸，又名胎息，是為練氣化神之理也。

第三層練拳術之呼吸，雖有而若無，勿忘勿助之意思，即是神化之妙用也。心中空空洞洞，是為無聲無臭還虛之道也。此三種呼吸，謂練拳術始終本末之次序，即一氣貫通之理，自有而化無之道也。

拳術調呼吸，總要純任自然，用真意之元神引之於丹田，腹雖實而若虛，有而若無。《老子》云：「綿綿若存。」亦此意也。此理即拳中內勁之意義也。

形意拳之用法有三層：明勁有形之用；暗勁無形無跡之用；化勁神化之用。

足打七分，手打三，五行四梢要合全。氣連心意隨時用，硬打硬進無遮攔，此是明勁有形之用；起無形，落無蹤，起似伏龍登天，落如霹雷擊地，打起落如水之翻浪，此是暗勁無跡之用；拳打三節不見形，一言一默，行止坐臥能寂然不動，感而遂通，奇正變化循環無端，隨時而發，所用無窮，此化勁神化之用也。

內外合一者，是心中神意下照於海底，腹內靜極而動；海底之氣，微微自下而上，與神意相交，歸於丹田之中，運貫於周身，暢達於四肢，融融和和，如此方是

上下相連，手足自然相顧，合內外而為一者也。

練拳術不可固執不通，若專以求力，即被力拘；專以求氣，即被氣拘；若專以求沉重，即為沉重所捆墜；若專以求輕浮，神氣即被輕浮所散。所以然者，練之形式順者，自有力；內裏中和者，自生氣；神意歸於丹田者，身自然重如泰山；將神氣合一化成虛空者，自然身輕如羽。故此不可以專求，雖然求久有所得焉，亦是有若無，實若虛，勿忘勿助，不免而中，不思而得，從容中道而已。

形意拳之橫拳，有先天之橫，有後天之橫。先天之橫者，由靜而動，為無形之橫拳也。橫者，中也。《易》云：「黃中通理，正位居體。」即此意也。拳經云：「起無形，起為橫。」皆是也（此起字是內中之起，自虛無而生有，真意萌發之時，在拳中謂之橫，亦謂之起）。此橫有名無形，為諸形之母也。萬物皆含育於其中矣。其橫則為拳中之太極也。

後天之橫者，是拳中外形手足，一動即名為橫也，此橫有名有式，無有橫之相也。因頭、手、足、肩、肘、胯、膝名七拳。外形七拳，一動即名為橫，亦為諸式之幹也，萬法亦生於其內也。

先人詩曰：「道本自然一氣游，空空靜靜最難求，得來萬法皆無用，身形應當似水流。」

河之圖，洛之書，皆出於天地自然之數。禹之範，

大撓之歷，皆聖人得於天地之心法。余蒙老農先生所授之九宮圖，其理亦出於此，而運用之神妙，變化莫測。起初練之，地方要寬大，竿相離要遠，大約一丈之方形，不拘尺寸。練之已熟，漸漸縮小，至兩竿相離之遠近，僅能容身，穿行往來，形如流水，旋轉自如，而不礙所立之竿。繞轉之形式，用十二形，或如鷂子翻身之巧，或如蛇撥草入穴之妙，或如猿猴縱跳之靈活。此圖之效力，可以消食，可以活血，可以祛病，可以健體。此圖不只運動身體，而劍術之法亦含其中矣。

拳術之道，體用俱備，數理兼訣，性命雙修，乾坤相交，合內外而為一者也。走練此圖之意，九竿如同九人，如一人之敵九，左右旋轉，屈伸往來，飛躍變化，閃展騰挪，其中之法則，按著規矩，其中之妙用，亦得要自己悟會耳。

白西園先生言

練拳術第一要得真傳，將拳內所練之規矩，要知得的確，按規矩次序而練之；第二要真愛惜；第三要有恒心，作為自己終身修養之功課也。除此三者之外，亦要時常求老師或諸位老先生們看視。古人云：人非聖賢，誰能無過。若以驕，素日所得之道理，亦時常失去，拳術就生出無數之病來，若是明顯之病，還可容易更改，若是暗藏錯綜之病，若隱若現，非得洞明其理，深達其

道者，不能更改此病也。

　　練拳術之道理，神氣貫通，形質和順，剛柔曲折，法度長短，與曾文正公談書法、言乾坤二卦之理相同也。

劉奇蘭先生言

　　固住自己神氣，不使散亂，此謂無敵於天下也。

　　起如鋼銼，落如鉤竿，起似伏龍登天，落如霹雷擊地。起無形，落無蹤，起意好似捲地風。束身而起，長身而落，起如箭，落如風，追風趕月不放鬆。打人如走路，看人如蒿草，膽上如風響，起落似箭鑽，遇敵要取勝，四梢要齊全，是內外誠實如一也。進步不勝，必有膽寒之心也。此是固靈根而動心者，敵將所用之法也。

　　道藝所用者，心中空空洞洞，不免而中，不思而得，從容中道。心無其心，心空也；身無其身，身空也。古人云：所謂空而不空，不空而空，是謂真空。雖空乃至實至誠也。忽然有人來擊，心中並非有意打他，隨彼意而應之。拳經云：靜為本體，動為作用。即是寂然不動，感而遂通，無可無不可也。此是養靈根而靜心者所用之法也。

宋世榮先生言

　　練形意拳術者，是格物十二形之性能，而得之於

心，是能盡物之性也，也是盡己之性也。因此練形意拳者，是效法天地，化育萬物之道也。所以此拳之用，能以無可無不可也。

拳術之理皆是規矩中之用力耳。丹書云：中者，虛空之性體也；執中者，還虛之功用也，是故形意拳術起點有無極、太極、三體之式，其理是最初還虛之功用也。

在拳中，形意、八卦、太極三派之一體也，統體一陰陽也，陰陽總歸一太極也，即一氣也，亦即形意拳中起點無形之橫拳也。此橫拳者，是人本來之真心，空空洞洞，不掛著一毫之拙力，至虛至無，即太極也。

在拳術中，虛極時橫拳圓滿無虧，內中有一點靈機生焉。丹書云：一氣即兆質，不能無動靜。動為陽，靜為陰。是動靜即生於一氣，兩儀因此一氣開根也。動極而靜，靜極而動，起鑽落翻，精氣神即於此而寓之矣。

靜坐以呼吸調息，練拳術以手足動作調息。起落進退皆合規矩，手足動作亦俱和順，內外神形相合，謂之息調。以身體動作旋轉，縱橫往來，無有停滯，一氣流行，循環無端，謂之停息，亦謂之脫胎神化也。

車毅齋先生言

形意拳之道，合於中庸之道也。其道中正廣大，至簡至易，不偏不倚，和而不流，包羅萬象，體物不遺，放之則彌六合，捲之則退藏於密，其味無窮，皆實學也。

練拳學者，自虛無而起，自虛無而還也。到此時，諸形皆無，萬象皆空，混混淪淪，一氣渾然。所以練拳術不在形式，只在神氣圓滿無虧而已。拳經云：尚德不尚力，意在蓄神耳。用神意合於丹田，先天真陽之氣運化於周身，無微不至，以至於應用無處不有，無時不然。所謂物物一太極，物物一陰陽也。

《中庸》云：「鬼神之為德，其盛矣乎?視之而弗見，聽之而弗聞，體物而不遺。亦是此拳之意義也。

練拳術者，不可守定成規、成法而應用之。成法者，是初入門教人之規矩，可以變化人之氣質，開人之知識，明人之心性。是化除後天之氣質，以復其先天之氣也。已至虛無之時，無所謂體，無所謂用。拳經云：靜為本體，動為作用，是體用一源也。以體言，行止坐臥，一言一默，無往而不得其道也。以用言之，無可無不可也。

拳經云：混元一氣吾道成，道成莫外五真形，真形內藏真精神，深藏氣內丹道成，要知真形合真相，真訣合道得徹靈，祖師留下真妙訣，知者傳授要擇人。

張樹德先生言

形意拳之道，不言器械。余練槍法數十年，始知不在乎形式法術，有身如無身，有槍如無槍，運用只在一心耳（心即槍，槍即心也）。槍分三節八楞，用眼視定彼之上中下三路，心一動而手足與槍合一，似蛟龍出水

一般，直到彼身，彼即敗矣。方知手足動作，教練純熟，不令而行也。又方知拳術即劍術、槍法；劍術、槍法即拳術也。

拳經云：心為元帥，眼為先鋒，手足為五營四哨，以槍為拳，以拳為槍，槍紮如射箭。即此意也。

劉曉蘭先生言

形意拳是個中和之體，萬物皆涵育其中矣。

李存義先生言

明暗勁之體用，是將周身四肢鬆開，神氣縮回，而沉於丹田。內外合成一氣，再將兩目視定彼之兩目或四肢。自己不動，而為體也。若論形意拳本質之體用，是自己練趟子謂之體，與人相較之時，按練時而應之謂之用也。虛實變化不自專用，因彼所發之形式而生之也。

先師亦常云：「兵不厭詐，自己雖不用奸詐，然而不可不防他人。」與人相較，總是光明正大，不能暗藏奸心。勝、敗，皆能於道理有蓋也。唯是彼之剛柔、虛實、巧拙不可不察也。余練拳一生，總是以道服人也。

剛有明剛，有暗剛；柔者有明柔，有暗柔也。明剛者，彼神氣皆露於外，手如鋼鉤一般，氣力似透於骨，自己身體如被人捆住一般。暗剛者，彼動如綿，神氣透於骨髓，心中如觸電一般。

明柔者，彼之動作毫無氣力，然而身輕如羽，神氣無一毫散亂之處，與彼交手時，似有而又似無。暗柔者，神氣威嚴，轉動如鋼球，手如同鰾膠相似，胳膊如同鋼絲條一般，能將人粘住或纏住。

　　若是有求道之心，遇以上四形式之人，若己不能被彼之神氣欺住，可以與彼相較，否則，只可虛心而恭敬之，以求其道也。兵法云：知己知彼，百戰百勝。能如此可以無敵於天下也。

李奎元先生言

　　意者，即人之元性也。在天地則為土，在拳則為橫。橫者，即拳中先天、圓滿、中和之一氣也。形意者，從其規矩，順其自然，外不乖於形式，內不悖於神氣。外面形式之順，是內中神氣之和；外面形式之正，是內中意氣之中，即內外合而為一者也。先賢云：「得其一而萬事畢。」此為形意拳術大概之意義也。

　　《丹書》云：「己者我之真性，靜則為性，動則為意，妙用則為神也。」不靜則真意不動，真意不動而何有妙用乎？至於坐功靜極而動，亦不外性靜意動，一神之妙用也。

　　練形意拳術，頭層明勁，垂肩、墜肘、塌腰，與寫字之功夫往下按筆意思相同也。二層練暗勁，鬆縮、開合，與寫字提筆意思相同也；頂頭蹬足，是暗中有提，

提中有按也。三層化勁，有而若無，只有神行妙用，與之隨意作草書者意思相同也。其言拳之規矩法度，神氣結構，轉折形質，與曾文正公論寫字道理相同也。

　　形意拳術之道，勿拘於形式，亦不可專務於形式，二者皆非正道。先師云：「法術規矩在假師傅，道理巧妙須自己悟會。」故練拳術者，不可以練偏僻奇異之形式，而身為其所拘，亦不可練散亂無章之拳術，而不能通其道。所以練拳者，先要求明師，得良友，心思會悟，身體力行，日日習練，不可間斷，方能有得也。

　　《中庸》云：「道不遠人，人之為道而遠人。」天地之間，萬物之理，皆道之流行分散耳。人為一小天地，故我身中之陰陽，即天地之陰陽也。《大學》注云：「心在內，而理周乎物；物在外，而理具於心。」《易》注云：「遠在六合以外，近在一身之中，遠取諸物，近取諸身。」天地之大，六合之遠，萬物之理，莫不在我一身之中。

　　放之則彌六合者，即身體形式伸展，內中神氣放開，圓滿無缺也，高者如同極於天地，遠者如至六合之外也；捲之則退藏於密者，即神氣縮至於丹田，至虛至無之意義也。遠取諸物者，譬如蛇之一物，屈曲夭矯，來去如風，吾欲取其意也。近取諸身者，若練蛇形，須研究如何化而生出此形之勁也。勁者，即內中神氣貫通之氣也。

物之性能，柔中有剛，剛中有柔。柔者，如同絲帶相似；剛者，纏住別物，如鋼絲相似。再將物之形式動作靈活曲折、剛柔之理而意會之，再自己身體力行而效之，與我之性能合而為一矣。至於萬形之理，只要一動一靜，驟然視見，與我之意相感，忽覺與我身中之道相合，即可仿效此物之動作而運用之。

練拳術宜虛心博問，不可自是。余昔年與人相較槍、拳之時，偶即敗於人手，然而又借他勝我之法術，而得明我所練之道理也。是故，天地萬物無不可效法也，即世人亦無不可作我師、友也。

余幼年練拳術，性情異常剛愎，總覺自己高於別人。自拜郭雲深先生為師，教授形意拳術，得先生循循善誘，自己用功晝夜不斷，又得良友相助，忽然豁然明悟，心闊似海，回思昔日所練所行，諸事皆非，自覺心中慚愧，毛髮悚懼。自此以後，不敢言自己之長，議人之短，知道理之無窮。俗云：「強中自有強中手，能人背後有能人。」心中戰戰兢兢，須臾不敢離此道理，一生亦不敢驕矜於人也。

形意拳之道，練之有無數之曲折層次，亦有無數之魔力混亂。一有不察，拳中無數之弊病出焉。故練者，先以心中虛實為體，以神氣相交為用，以腰為主宰，以丹田為根，以三體式為基礎，以九要之規模為練拳之具，以五行十二形為拳中之物。故將所發出散亂之氣，

順中用逆縮回，歸於丹田，用呼吸鍛鍊，不用口鼻呼吸，要用真息積於丹田，口中之呼吸，不可有一毫之勉強，要純任自然耳。

挺胸、提腹、怒氣是練形意拳之大弊病也。或有練數年功夫，不覺有進步，以通者觀之，是入於俗派自然之魔力也。或有練者，力量亦大無窮。惟是與人相較，放在人家身上，皆不奏效。知者云：「是被拘魔所捆也，不知內開外合之故也。」

又如，雖練一生，身體不能如羽毛之輕靈，起落進退亦覺不對，心中時覺鬱悶。知者云：「是到疑團之地也。」其實拳術確有進步，此時不可停功，千萬不可被疑團所阻，即速求明師說明道理而練去，用力之久，而一旦豁然貫通，則諸魔盡去，而吾拳之全體大用無不明矣。邱祖云「經一番魔亂，長一層福力也。」

耿誠信先生言

余幼年練習拳術，肝火太盛，視同道如仇敵，常常自煩自惱。經友人介紹深州劉奇蘭先生，拜伊為門下。先生云：「此形意拳，是變化人之氣質、復還於初之道，非是求後天血氣之力也。」自明勁練至化勁，方覺腹內空空洞洞，無形無象，無我無他之境矣。

至此方無有彼此之分，門戶之見，遇有同道者，無所不愛，或有練習未及於道者，無不憐憫而欲教之。遇

人相較，所用皆是道理，亦無入而不自得矣。此時方知形意拳是個中和之道理。

周明泰先生言

形意拳之道，內中神氣要中正相交，外形之姿勢要和順不悖。所以練體之時，不可拘束；所用之時，亦不可有散亂之式，內中不可有驕懼之心，務要或虛或實不可停滯，將伊之虛實真情引出，再因時而進之。也不可自負其能。不知彼不能勝人；不知己也不能勝人。

許占鼇先生言

練形意拳，既不可輕視，又不可畏難，再虛心求老師傳授。第一，三害之病不可有；第二，九要之規矩要真切、整齊；第三，三體式要多站。身子外形要中正、和順，心中要虛空，神氣、呼吸要自然，如此誠意練習，總要勿求速效，勿生厭煩之心。務要有恆，作為自己一生修身之功課，如此練法，功夫自然而有所得也。

形意拳術三體式者，天、地、人三才之象也。此式是自虛無而生一氣，是自靜而動也；太極、兩儀至於三體式，是由動而靜也，再至虛極靜篤時還於本性。此性是先天之性，也是形意拳之本體也。此理與靜坐之功相合也。靜坐最初還虛，海底而生知覺，是先天動；不可知而後動，知後而動，是後天妄想而動也。

俟一陽動時，即速迴光返照，凝神入於氣穴，神氣相交，二氣合成一氣，心中空空洞洞，即是明心見性矣。

自虛無至三體式，是由靜而動，動而復靜，是拳中起鑽落翻之未發，謂之中也。中者，是未發之和也。三體式重生萬物張者，是靜極而再動，此是起鑽落翻已發也。已發是拳之橫拳起也。內中之五行拳、十二形拳，以至萬形，皆由此而生也。《中庸》云：「天命之謂性，率性之謂道。」不動是未發之中也，動作能循三體式之本體，是已發之和也，和者是已發之中也。

所練之拳術，無過無不及，教人改變氣質復歸於中，是之謂教也。故形意拳之內勁，是由此中和而生也。是人之元神、元氣相合，自無而有，自微而著，由一氣之動，而發於周身，活活潑潑，無物不有，無時不然。《中庸》云：「放之則彌六合，捲之則退藏於密。」皆是拳之內勁也。善練者，玩索而有得焉，則終身用之，有不能盡者矣。

第五章　八卦拳

程廷華先生言

一氣八卦為其體，六十四變，七十二暗足互為其

用。體用一源，動靜一道。遠在六合以外，近在一身之中，一動一靜，一言一默，莫不有卦象焉。莫不有體用焉。其道之大，而無不包；其用至神，而無不存。

八卦拳之道，無內外也。研者，身轉如同幾微的螺絲細軸一般，身體有研轉之形，而內中之軸，無離此地之意也。旋轉者，是放開步伐邁足，望著圓圈之中心旋轉，如身體轉九萬裏之地球一圈之意也。至於身體剛柔，如玲瓏透體，活活潑潑，流行無滯。胳膊化為繞指之柔，兩足皆勾股三角，兩手又合弧切八線。所以數不離理，理不離數，數理兼賅，乃得萬全也。將此道得之於心，可以獨善其身，亦可以兼善天下。

第六章　太極拳

郝爲禎先生言

練太極拳有三層意思。初層練習，身體如在水中，兩足踏地，周身與手足動作如有水之阻力；第二層練習，身體手足動作如在水中，而兩足已浮起不著地，如長泅者浮游其間皆自如也；第三層練習，身體逾輕靈，兩足如在水面上行，心中戰戰兢兢，如臨深淵，如履薄冰。拳經云：「神氣四肢，總要完整，一有不整，身必散亂，而不能有靈活之妙用。」即此意也。又云：「知

己功夫，在練十三勢；若欲知人，須有伴侶二人，每日打四手（即捧、捋、擠、按也），功久即可知人之虛實、輕重，隨時而能用矣。」

若無人與自己打手，與一不動之物相較，視定物之中心，或粘、或走、或靠，手足總要相合，內外總要虛空靈活，功久身體亦可以靈活矣。

陳秀峰先生言

太極、八卦之用，或粘、或走，或剛、或柔並散手之用，總是在不即不離內求玄妙，不丟不頂中討消息，以致引進落空，四兩撥千斤，所發之神氣，如長江大海，滔滔不絕也。

第七章　形意拳譜摘要

六猛：六合練成即為六猛。

八要：心定神凝，神甯心安，心安清靜，清靜無物，無物氣行，氣行絕象，絕象覺明，覺明則神氣相通，萬氣歸根矣。

八字：斬，劈拳也；截，鑽拳也；裹，橫拳也；胯，崩拳也；挑，踐拳也，即燕形也；頂，炮拳也；雲，鼉形也；領，蛇形也。

十六處練法：一寸，二踐，三鑽，四就，五夾，六

合，七齊，八正，九脛，十驚，十一起落，十二進退，十三陰陽，十四五行，十五動靜，十六虛實。

　　寸：足步也；踐：腿也；鑽：身也；就：束身也；夾：如夾剪也；合：六合也；齊：疾毒也，內外如一也；正：直也；脛：手摩內五行也；驚：驚起四梢也，火機一發物必落（磨脛、磨脛，意氣響連聲）；起落：起是去也，落是打也，起亦打，落亦打，起落如水之翻浪才成起落；進退：進是步低，退是步高；陰陽：拳術陰陽相合才能打人；五行：內五行要動，外五行要隨；動靜：靜為本體，動為作用。若言其靜，未露其機，若言其動，未見其跡，動靜是發而未發之間，謂之動靜也；虛實：虛是精也，實是靈也，精靈皆有稱其虛實。拳經歌曰：「精養靈根氣養神，養功養道見天真，丹田養就長命寶，萬兩黃金不予人。」

　　頭打落意隨足走，起而未起占中央；腳踏中門搶地位，就是神仙也難防。

　　肩打一陰反一陽，兩手只在洞中藏；左右全憑蓋他意，舒展二字一命亡。

　　肘打去意占胸膛，起手好似虎撲羊；或在裏撥一旁走，後手只在肋下藏。

　　拳打三節不見形，如見形影不為能；能在一思進，莫在一思存；能在一氣先，莫在一氣後。

　　胯打中節並相連，陰陽相合得之難；外胯好似魚打

挺，裏胯藏步變勢難。

膝打幾處人不明，好似猛虎出木籠；合身轉著不停勢，左右明撥任意行。

腳打踩意不落空，消息全憑後腳蹬；與人較勇無虛備，去意好似捲地風。

臀尾打起落不見形，好似猛虎坐臥出洞中。

拳經云：混元一氣吾道成，道成莫外五真形；真形內藏真精神，神藏氣內丹道成。

胎息訣云：氣穴之間，又謂之天地根，凝神於此，久之元氣日充，元神日旺，神旺則氣暢，氣暢則血融，血融則骨強，骨強則髓滿，髓滿則腹盈，腹盈則下實，下實則行步輕健，動作不疲，四體康健，顏色如桃李，去仙不遠矣。此亦是拳術內勁之意義也。

第八章　練拳經驗及三派之精義

余自幼練拳以來，聞諸先生之言，云：「拳即是道。」唯練化勁之後，到停式時，每覺下部海底處（即陰穴處）如有物萌動，周身有發空之景象，真陽亦發動而欲泄，自覺身子一毫亦不敢動，動即要泄矣。內中用虛靈之意，提住穀道，意注於丹田，片時，陽即收縮，萌動者上移於丹田矣。此時周身融和，綿綿不斷，丹田內如同兩物相爭之狀況。四五小時，方漸漸安靜。心想

不動之理，是余練拳之時，呼吸二息，仍在丹田之中，不練之時，雖言談呼吸，並不妨礙內中之真息。並非有意存照，是無時不然也。

　　練拳趟子，內外總是一氣，緩緩悠悠練之，不敢有一毫不平穩處，內中融融，綿綿虛空。嗣後亦有動時，仍提至丹田，而用練拳之內呼吸，轉法輪用意注於丹田，以神用息而轉之，從尾閭至夾脊至玉枕，至天頂而下至丹田，與靜坐功夫相同。以後或坐立、或行動、甚至於熟睡，內中忽動，動而即醒，仍以練拳之呼吸而消化之，周身忽然似空，融融和和，如沐如浴之景況。白天行止坐臥，亦有發空之時，身中之情意，異常舒暢。自己體察內外之情形，人道縮至甚小，消除百病，精神有增無減。以後靜坐亦如此，練拳亦如此。到此方知拳術與丹道是一理也。

　　拳術至練虛合道，是將真意化到至虛至無之境，不動之時，內中寂然，空虛無一動其心，至於忽然有不測之事，雖不見不聞，而能覺而避之。《中庸》云：「至誠之道，可以前知。」是此意也。

　　　　　　定興　孫定奎　張金生　張振起　編錄

第六編
孫祿堂其他論語匯要

詳論形意、八卦、太極之原理

劈拳屬金，在人屬肺；崩拳屬木，在人屬肝；鑽拳屬水，在人屬腎；炮拳屬火，在人屬心；橫拳屬土，在人屬脾。練之既久，可以去五臟之病，此謂居人之性也。至若龍有搜骨之法；虎有撲食之猛；猴有縱山之靈；熊有浮水之性。推之其他八形，各有其妙，所謂居物之性也。

人、物之性既居，起落進退，變化無窮，是其智也；得中和、體物不遺，是其仁也；心與意合，意與氣合，氣與力合為內三合；肩與胯合，肘與膝合，手與足合為外三合。內外如一，成為六合，是其勇也。三者既備，動作運用，手足相顧，至大至剛，養吾浩然之氣，與儒家誠中形外之理，一以貫之相同也。

此形意拳之大概也。

八卦者，由無極而太極，太極生兩儀，兩儀生四象，四象生八卦，參互錯綜，拳即運用八卦之理。何以言之？今腹為無極，臍為太極，腎為兩儀，兩臂膊與腿為四象。其生八卦者，兩臂與腿曲之為八節，共生八八六十四卦者，兩手十指每指三節，唯大拇指係兩節，八指共二十四節，加兩拇指四節，為二十八節；加兩足二十八節，為五十六節；又加兩臂兩腿之八節，為六十四

節。故六十四卦為拳之體，體為三百八十四爻，則互為其用也。每爻有每爻之意，陽極而陰，陰極而陽；逆中行順，順中用逆；求其中和，氣歸丹田，含有靜極而動，動極而靜之意。上下相通是為內呼吸，此拳與道家功夫相表裏。

不特此也，乾、坤、坎、離等卦，或為龍，或為馬，或為牛，皆取象於物。心在內，而理周於物；物在外，而理具於心。近取諸身，遠取諸物，奇正變化，運用不窮。而又剛柔相濟，虛實兼到，空而不空，不空而空，此八卦拳之妙用也。

太極拳發明於張三豐祖師，盡人皆知。唯練此拳之起點，當先求一個不偏不倚、不上不下、至簡至易之道。拳經云：「抱元守一而虛中，虛中而念化，實其腹而道心生。」即此意也。

太極從無極而生，為無極之後天，萬極之先天，承上啟下，能與天地全德，日月合明，四時合序，與鬼神合其凶吉。練到至善處，以和為體，和之中智勇生焉。極未動時為未發之和，極已動時為已發之中。所以拳術一道，首重中和，中和之外無玄妙也。故太極拳要純任自然，不尚血氣，以蓄神為主。

周身輕靈，不即不離，勿忘勿助，內天道而外王道，將起點之際，逐漸推之，貫於周身，無微不至。《易》曰：「黃中通理，正位居體。」即此意也。昔年

曾聞之云：「此起點之極，與丹道中之元關相通。」鄙人研究數十年，不敢云確有心得，然考其本源，實與形意、八卦其理相通，不過名稱與形式動作不同耳。至若善養氣練神，則初無少異。

比之，形意地也，八卦天也，太極人也。天地人三才合為一體，渾然一氣，實無區分。練之久，而動靜自如，頭頭是道，有何形意、八卦、太極之有哉！

論拳術內家、外家之別

今之拳術者，每云有內家、外家之分，或稱少林為外家，武當為內家；在道為內家，或以在釋為外家，其實皆皮相之見也。名則有少林、武當之分，實則無內家、外家之別。少林，寺也；武當，山也。拳以地名，並無軒輊，安得遂分內外耶？或謂拳術既無內外之分，何以形勢有剛柔之判？不知一則自柔練而致剛，一則自剛練而致柔。剛柔雖分，成功則一。夫武術以和為用，和之中智勇備焉。

呼吸有內外之分，拳術無內外之別。善養氣者即內家，不善養氣者即外家。故善養浩然之氣一語，實道破內家之奧義。

拳術之功用，以動而求靜；坐功之作用，由靜而求動。其實動中靜、靜中動，本係一體，不可歧而二之。

由是言之，所謂靜極而動、動極而靜，動靜即係相生，若以為有內外之分，豈不失之毫釐，差以千里。

呼吸有內外者，先求其通而已。通與不通於何分之？彼未知初練拳者，其呼吸往往至中部而止，氣浮於上，是謂之呼吸不通。極其弊則血氣用事，好勇鬥狠，實火氣太剛過燥之故也。

若呼吸練至下行，直達丹田，久而久之，心腎相交，水火既濟，火氣不致炎上，呼吸可以自然，不致中部而返。如此，方謂之內外相通。

氣通小腹，若不化堅，終必為累，非上乘也。有若無，實若虛，腹之堅，非真道也！

《中庸》極論「中和」之功用。須知古人所言，皆有體用。拳術中亦重中和，亦重仁義。若不明此理，即練至捷如飛鳥，力舉千鈞，不過匹夫之勇，總不離夫外家。若練至中和，善講仁義，動則以禮，見義必為，其人雖無百斤之力，即可謂之內家，迨養氣功深，貫內外，平有無，至大至剛，直養無害，無處不有，無時不然，卷之放之，用體廣微。昔人云：「物物一太極，物物一陰陽。」吾人本具天地中和之氣，非一太極乎！

《易經》云：「近取諸身，遠取諸物。心有內而理周乎物，物在外而理具於心，內外一理而已矣。」拳之形式名稱雖異，而理則一。向之以為有內外之分者，實所見之不透，認理之未明也。由是推知，言語要和平，

動作要自然，吾人立身涉世，處處皆是誠中形外，拳術何獨不然？

試觀古來名將，如關壯繆、岳忠武等，皆以識春秋大義，說禮樂而敦詩書，故千秋後使人生敬仰崇拜之心。若田開疆、古冶子輩，不過得一勇士之名而已。蓋一則內外一致，表裏精粗無不到；一則客氣乘之，自喪其所守，良可概也。

國術源流之管見

梁武帝時，達摩東來，慮其徒眾未諳動靜相養之道，於是著「易筋」「洗髓」兩經，內外交修，為強健身體之初步，否則禪寂枯坐易茲流弊。繼之者，分剛、柔兩派，而少林、內家之拳自茲始矣。

岳武穆得「筋、髓」兩經，復闡發「易骨」之功用，命名曰「形意」。然則形意拳者，實達摩倡之，而武穆成之者也。

太極則濫觴於唐之李道子、許宣平，張三豐從而擴之，參以點穴諸法。張松溪、單征南等傳其衣缽。若梅花、八式則始於志公長老，世所稱峨嵋派者。八卦掌當咸、同時，文安董海川先生得自南省，傳之北方，聞其源流甚遠。至炮捶、心意、羅漢、無極、五極、八極、彌祖、太祖、劈掛、通臂、阮、俞、孔諸家，各樹一

幟，或論理，或論氣，或論力，皆有精能獨到之處。

以意度之，今時之國術大半胚胎於達摩、三豐兩派，其所以有種種派別者，後之人從而變化耳。管窺之見，大雅所譏，尚祈海內明達之士有以教之。

拳術述聞

余幼時，即好拳術。初不存有門派之見，故於各種拳術，均涉足而研究之。然拳術之為道也至大，體萬物而不遺。余既無身體力行之實功，亦未明此中之精義，僅略窺其大概而已。

拳術有五綱之起點，書法有五鋒之起筆。拳術之五點為劈、崩、鑽、炮、橫、即五行中金、木、水、火、土也。古人云：「五行合一，致其中和。」天地之事，無不可推矣。書法則有五鋒，為中、逆、齊、側、搭，即臨碑貼之五筆法也。碑中張遷、鄭文公大小篆等，都不外乎五鋒。雖有中、逆、齊、側、搭之分，及用筆之不同，然皆中鋒。

故拳術五拳之中和，書法五鋒之中鋒，二者運用雖有不同，然其精奧、其原理固二而一者也。

拳劍之理，大別有三：其一，上下相連，手足相顧，內外如一。其二，不即不離，不丟不頂，勿忘勿助。其三，拳無拳，意無意，無意之中是真意也。

內外如一，是誠中也，合乎儒家；不丟不頂，勿忘勿助，是虛中也，合乎道家；無拳無意，是空中也，合乎釋家。斯三者，修身之大法則，亦人生之不可或缺者也。

觀乎舞劍之形式，行如游龍，屈曲婉轉，變化之意義，與草書用筆之法度、神氣、結構、轉折、形式實相同。始信昔人觀公孫大娘舞劍，而曰得書法之道，為不虛也。是則古人之善草書者，迨皆明劍術之理，蓋不如是。

聞前輩云：「拳術之道，隨萬物而不遺。」頗疑惑不解，茲聆高、李、莊三先生之言，始茅塞頓開，一掃胸中疑團，因筆而書之，以告我同志。

孫祿堂的一份珍貴遺稿

天之所覆，地之所載，日月所照，霜露所墜，凡有血氣者，皆秉天地之全氣、全理而成，其形體百骸，推之全球無異也。人既無異，即萬物出於一源，萬派出於一脈也，何拳術之道，偏分許多門徑？甲藐乙，乙藐甲，各出己技，互相朋比。推源其故，實因拳理未明，內具不和之氣，而始生出許多枝節耳。

余思萬法既由一脈相承，形骸百官又無差異，彼所能者，己也當能；己所學者，彼亦當學。存彼己之見

者，大抵因初學時氣質未化，不能得格物慎獨之初功也。先哲云：「聖人之道無他，在啟良知良能，順其自然，做到極處，而成一個全知全能之完全人耳。」拳術亦然，凡初學習練時，但順其自然氣力練去，不必格外用力，練到極處，亦成一個有體有用之英雄耳。彼自分門徑，獨守一枝者，是自畫限制，不能擴充己之知識也。

欲練拳術，必須先將內家拳學，無論何派，先格物致知，身體力行，以至極處。嗣後，再與內、外兩派同道之人互相研究，各得其益。若能研究十數家技藝，將理得之於心，與己之理化合而為一，其餘無論中外技藝，即使形各相別，習練相殊，其理可一見而知也。

孟子云：「堯舜之道，孝弟而已矣。」拳術之道亦無他，氣力和順而已矣！

夫八卦天也，形意地也，太極人也，三家合一理也。練習之法，形意以經之，八卦以緯之，太極以和之。即聖人云：「興於詩，立於禮，成於樂也。」

余常自揣三元性質，形意譬如鋼球、鐵球，內外誠實如一；八卦譬如絨球與鐵絲盤球，周圍玲瓏透體；太極如皮球，內外虛靈，有若無、實若虛之理，此三元之性質也。

形象雖分三元，要不出人丹田之氣也。天地人三才，亦即太極一氣之流行也。故三家合為一體，以後好

武諸君，務去彼此之見。諺云：「一處不到一處迷。」此言良非虛謬。吾人練藝，總要與同道中人互相研究，始能有益。

夫太極、八卦、形意三門，實出一人所傳，蓋萬物生於一理，拳學生於一氣，理既合，而形又何別？

孔子云：「吾道一以貫之。」余所著拳學，外表由明善以復初，亦即萬殊一本之道也。

孫雨人之孫祿堂拳論眼見耳聞錄

太極的命名由來：過去先師爺祿堂公曾對我說過：往日叫綿拳十三勢，後改為太極長拳十三勢，最後又改名為太極拳。

太極者，氣之代名詞也。氣為人身養命之寶，顧名思義，其有益於人身可想而知矣！吸氣時由湧泉過會陰上達頂門，呼氣時息息歸臍。凝神於此，元氣日充，元神日旺，神旺則氣暢，氣暢則血融，血融則骨強，骨強則髓滿，髓滿則腹盈，腹盈則下實，下實則行步輕健，動作不疲，四體康健，顏色如桃李。

練形意，或太極拳、八卦拳，其步法一般左右與肩同寬，前後距離比肩稍寬些。

昔日聽先師爺祿堂公講道：與人交手時，尋機會，爭主動，引而空之，吞而化之，我必勝。還須將本身之

中節避起而行之，進手時要在敵手後一尺下工夫，意思既是拿其中節，如此則我順人背，進時要避敵之鋒，攻其側後，則造成我攻彼易，敵還擊難，人背我順，易於制勝。

可是用器械則不然，要在敵手前一尺下招用功夫，管閉住敵人的器械，而後我便於傷其手或身，得機要快、要急，則勝操於我矣！又長兵器貴短，短兵器長用，切記！這樣即可達到長短相衛了。

長不能短用，則等於徒手，短兵器不能長用亦難勝，短進長，利在速，否則必敗。劍與身合而為一，所謂神而明之存乎其人者。

我問師爺為何老寫字？師爺曰：「吾是在練劍耳。」

其　他

拳術練氣凝神須向姿勢平正中求之，形正則氣和，形偏則氣亦偏。

增其華者減其骨，飾其外者喪其中。

形意力實，八卦力巧，太極力靈。問何以三家可全？曰：比之於物，太極皮球也，八卦彈簧球也，形意剛球也。惟其空，故不屈不伸而不生不滅；惟其透，故無障無礙；惟其剛，故無堅不摧，無物不入。要皆先天之力，一氣之流行也，何不能合成。其三家形式雖不

同，其理皆合，應用亦各有所當也。

要做神仙，須精劈拳。

三尖不到，難達四梢；三根不照，難求息調。

人一能之，己百之；人十能之，己千之，雖感必明，雖柔必強。

身步之妙，當從動靜合一中求之，八卦轉掌之要旨即在於此。練到妙處，罡氣宣佈於外，即使蒙住雙眼，身體周圍之境況亦能感應得到，往來穿梭，從容依故。

習武之詣歸是教化身心、變化氣質、振作精神，非好勇鬥狠。

知己愚者可近於慧，此三體式乃變化人之氣質之總機關，須站至胸、腹鬆空，手足相通，方能得著此式之妙。夫若是，汝之勁可由拙換整，汝之身可由滯化靈，汝之心可由塞達通，汝之意可由昧臻明。

練拳宜在靜處用功，不要在人前賣弄精神，誇張技藝。務以德行為先，要恭敬謙遜，不與人爭，以涵養為本。要一式精靈，得練千遍，若不熟練，還得千遍。

天下之理，同歸殊途，一致百慮，大道無名，體物不遺，唯縝密者能睹其微，中和能觀其通，夫其神全者，萬物皆備於我，其不相通者，必一曲一偏之士也。

通者，拳性合。每出一手，即合其拳之性，亦合自身之性，此方可稱通。

人身養命之寶，是氣和血。理氣之機為肺，理血之

機為肝，氣為先天，血為後天。故氣在前，血在後，血無氣不行。俗言「百病生於氣」，就是這個道理。

太極之旨，頤養修身，延年益壽，決不務取勝於人，不求勝人，而人莫能勝，如常求勝人為務，好勇鬥狠，終必死於其技。

練拳時，要從其規矩，順其自然。外不乖於形式，內不悖於神氣。外面形式之順，即內中神氣之和；外面形式之正，即內中意氣之中。故見於外，知其內；誠於內，形於外，即內外合而為一。

有心御氣，氣反奔騰；氣不可御，御氣則滯。

你若打天下第一，可另訪名師，以免耽誤你的時間，你若修養身體，則我為汝師，綽然有餘。

導之則泉注，頓之則山安；纖纖乎似初月之出天涯（註：此為唐之孫過庭之《書譜》論文句，師祖常說「書法與拳術一理」。師祖將此句寫成條幅，意在闡發拳之氣勢、動靜之理非常恰當）。

君子立身，務修其本，楊雄謂詩賦小道，壯夫不為；況復溺思毫釐，淪精翰墨者也。夫潛神對弈，猶標坐隱之名（註：此論出於唐朝書法家孫過庭之《書論》。楊雄為西漢大儒，著有《太玄》《法語》，頗有影響。楊雄認為：詩賦、書論、書法、對弈、垂釣等都是退隱無志之人的小道而已，學習、實踐孔孟修身治國的理論，才是君子的立身之本。壯夫非指粗人，而是有

棟樑之才的英雄、聖賢。師祖將此文寫成條幅，意在自勉）。

身懷絕技不自神，天樞妙轉武林春；已栽桃李成蹊徑，留得清光照後人。

四海之內皆朋友，況同道乎！

吾視生死如遊戲耳。

定興　孫玉奎　張興元　編錄

附：孫存周論內家拳

一、孫存周內家拳概說

古時運動身體方法，有《五禽圖》。因其有體無用，故其法不傳。要之，不外使人效其動作，仿其性能，運動身體，使血脈流通，藉以煥發精神而已。今內家拳繼其遺意也。

夫身體愈運動愈堅強，無人不知。然有因激烈運動反致受傷者，推究其故，不外氣不足而努氣、努力所致耳。今人恆言氣力，不知有力無氣，只是死力，極其能負重而矣，於精神何有哉。欲求精神煥發，氣力合一，體健而不勞神者，捨習拳術無由也。

拳術創自達摩。本為靜坐並行之功。首重氣，力次之。所謂養氣者，純剛是也。氣充而運之以神，神之所照，無不如志。其練法簡易，於動中求靜，用後天之形，補先天之氣。以手足動作，調節呼吸。虛心實腹，氣歸丹田。有一分氣，用一分氣。不努力，故不傷氣。誠中形外，則精神健旺。蓋氣餒則志敗，氣盛則力盛。子輿氏所謂：「持其志，毋暴其氣，胥是道也。」迨真氣彌滿，所養既充，而後注意於神。以氣行力，則力不可測；以神行氣，則境臻於化。儒者之言曰：「大而化之之謂聖，聖而不可知謂之神。」《易》曰：「神而明之，存乎其人。」可知神為莫大之功用。然非易筋轉氣

以後，不能臻此境也。

　　拳術無論何派，能致力不懈，未有不成過人之才者，古今之人無異也，即理無異也。若謂神勇為昔人所獨具，是自棄也。吾人處身社會，南北不定，風氣各異，每有遷地而苦不適者，果能練習拳術，持之以恆。從未必即躋神勇之域，而內部精力充沛，自足以抵抗外界侵襲之氣，病夫之譏，庶可免矣。

　　內家拳可分為形意、太極、八卦三派。均係動中求靜、強身固氣之學。能使吾人之精神，藉拳法順逆伸縮、陰陽變化之姿勢，於無思無意之中得以修養也。其法簡易，即無折腰、曲腿之困苦，復無標奇立異之姿勢，無論男女老幼，皆可習之。懦者可使之強，剛者可使之柔，即或身體極弱或有勞傷疾病者，因其不尚血氣、不努力，純任自然，故亦可從事，有百利而無一害。久之，氣質中和，胸寬腹實，氣固神完，祛病延年，可操左券。初練時似感不易，迨稍入門徑，知其總樞，即不難自習。其樞在腰，力起足跟（即呼吸以踵之意），形於四肢。心靜意專，一氣貫穿。形以意運，不斷不滯，氣如車輪，動作不散亂。總要在圓中求方法，所謂得其環中，則應變無窮也。

　　夫拳術，無論少林、武當，欲捨形式之外，實無致力之途。且拳術貴在順中用逆，導氣下沉；動中求靜，神不外散，則自然氣聚神凝。其形式純正者，呼吸即

調，形式乖謬者，則呼吸也如形態而散亂矣。余聞之先嚴云：「拳術練氣凝神，須向姿勢平正中求之，形正則氣和，形偏則氣也偏。」又云：「增其華者減其骨，飾其外者喪其中。」此言初學宜注重姿勢而不尚奇特，蓋可知也。

學習拳術，門派之見，實屬萬不可有。然選擇拳術，首戒標奇立異。設二三其志，尤易趨入歧途。但既經選擇之後，尤宜繼循正軌。所謂探驪，貴得其竅。矢志前修，持之以恆，不特真詮可獲，且其成功可待也。

練習拳術，必須心靜。心靜則意專，意專則舉手進退，左右往來，上下伸縮，無不如意。意之所至，即力之所至。尤須知拳術姿勢，變換在腿。內外一氣，含蓄在胸，兩肩鬆開，氣自下沉。力起於腳跟，則主宰在腰、腹，而運用則在兩肩。往來伸縮，如前面有物阻擋，前進後退，有不丟不頂之意。

初練時務要認定一種，勿貪多，勿嫌少。須知，拳雖一派，而式不同。法出一源，而用殊異。故學一式，須時加練習。勿專求重，重則滯；勿專求輕，輕則浮。尤不可專求一部之氣、一部之力，務求全身平均發展。

蓋拳術順者，自然有力，內外中和者，自然氣聚神凝，得其中正者，身體自然沉重，神意靜逸者，身體自然輕靈。故勿須專求，久之不思而得，身體自然強健，也可祛病延年矣。

二、孫存周形意拳概說

　　吾國拳技，原為知、行並進之學。若知其原理又能身體力行之，則身心兩方必可收穫巨大效益。唯吾國拳技範圍廣大，派別眾多，設欲兼收並蓄，則人生之體力、壽命有限，殊不可能。以予之經驗而論，初學者唯擇其不背生理，不悖人情；應用變化，純任自然者而習之，即不難收效也。人體組織至為複雜，內有五臟，外具四肢百骸，抑具秉賦不同，體質各異，雖呼吸以長命，食物以養生，盡人皆然。但六氣所侵，七情所感，致弱生病之由，則盡人而異。古人因體會順逆、陰陽之理，創製形意拳學。教人練習，以為保健祛病之方，誠人世之福音也。

　　形意拳學，以「方」為體，以「圓」為用，以「三體式」為基礎，以「五行拳」為拳綱，以「十二形」為進退、起落變化，分易骨、易筋、洗髓三步功夫練習。不僅練式簡單，不背生理，不悖人情，且其應用變化，神妙莫測。其拳在內為意，在外為形。有往體，有來體，一伸一曲，莫不於順中用逆。理其氣機，助長轂化，雖不運氣而氣自充於全身，雖不加力而力自達於四肢百骸。故循環周轉，動靜咸宜，迨氣功深，得中和之正軌，則自然從容中道。舊譜云：「養靈根而靜心者修

道也。又與靜心養生者，息息相通也。」

形意拳有三步練法：即明勁、暗勁、化勁是也。有三種功效：即易骨、易筋、洗髓是也。

初練明勁（即易骨），當求平穩整齊，舒展活潑，勿尚拙力，勿使怒氣，勿逾規矩，勿增華飾，勿趁私意，以求悅目。

次練暗勁（即易筋），當崇尚內意，開拓心思，循其方法，虛心默會，務期內外相合，上下一致，以盡體用貫一之能事。不可私心背理，出乎規矩，流成俗功。

後練化勁（即洗髓），專以神意運用，剛柔悉化，所謂純熟之極，歸於平淡，舉向之所博涉而泛騖者，一約之於樸實簡易之中，故似淡而意愈周，似淺而變化愈妙。吾國拳技之能純任自然，其養無害者，唯形意拳庶幾當之。

三、孫存周八卦拳概說

八卦拳，又名游身八卦連環掌。其象取於數理，立體於八卦。又以先天之氣在腎，為氣之體；以後天之氣在脾，為氣之用。效天地日月之循環，周流靡間，以達諸筋骨脈絡耳目形骸，而臻於強健靈敏之境。故靜為體，動為用，體用一源，動靜一氣，以極簡單之形式，達極深奧之道理。

其法雖有陽剛、陰柔、伸縮、旋轉之變化，不出《易》數方圓二圖之理。

其式始於太極，終於八卦。中分「兩儀」「四象」「五行」。奇正相生，無不具備。

斯拳之作用，在化後天不自然之力，以補先天不充足之氣。遠取諸物，效其性能而為吾用；近取諸身，藉有形之身，周流靡間，而煥發其精神。論其練法與形意、太極等方式雖若不同，而功用則一。

今就其練法言之，學者須先明「三害」，次習「九要」（詳見孫祿堂公著《八卦拳學》）。左右旋轉，一奇一偶。腰為主宰，手變從爻，足變從勾股三角。換式須上下一致，圓融無礙。走步須氣脈通連，隔行不斷。進退須不拒不離，應之以中。其拳圓中寓方，內藏十八羅漢拳、七十二截腿、七十二暗腳以及點穴、劍術，互為其用。正卦含「四德」「八能」「四情」。變卦有形變、意變之別。形變易，意變難。若不動而變，不為形式所拘而變，行之以神，尤為上乘。旋轉行步須平穩，若靜水浮物，只見物行，不見水流。變換忽高、忽低、忽左、忽右；瞻之在前，忽焉在後，極變化之能事，有莫測其由之慨。

總之，雖一式之微，莫不有柔、巧、閃、展、騰、挪之妙，俱在學者，善自體會，實地修持耳。

四、孫存周太極拳講稿摘錄

開手合手

開手：如兩手抱一氣球，兩肩向外鬆，兩手有因氣球膨脹，自然向左右分開之意。

合手：兩手極力相合，空中仍似有一氣球狀，兩肩仍向外鬆，所謂內開外合是也。

練時無論何式，應注意身體不可忽高忽低，總要兩腿彎曲如半月形，尤須塌腰、頂頭，蓋不塌腰則身不整，不頂頭則精神提不起。

單　鞭

兩手由心口處，向左右如捋長杆徐徐分開，左足同時向左分開，注意鬆肩、開襠。此時兩腿仍向外鬆開，腹自能鬆開。腹鬆氣即能收斂入骨、神舒體靜。

提手上勢

全身重心移到左腿上，腰塌住，左手向上畫一弧線

至額處，右手同時向下畫一弧線至小腹處，右足亦靠在
左足處，足尖著地。

白鶴亮翅

左手下落至胸下，右手腕向外扭，手心向外，同時
從左手外面向上起至頭額處，右足即向前進步，足跟著
地，兩足距離以重心勿移動為佳。

再將右手由右面部似挨似不挨落至胸下，肘要下
垂，不可抬起；左手亦同時微向上起至與右手相齊，兩
大指相離寸許，向前徐徐推；右足落實，重心移至右
足，左足至右足後，足尖點著地；兩胳膊似曲非曲，兩
目注視當中。

【注意】換式務要一氣貫串，不可散亂；以意導
氣，徐徐下沉，呼吸綿綿若存，不可閉氣，尤不可努力
（詳解見先嚴祿堂公著《太極拳學》）。

摟膝拗步

左手向下畫一弧線至左胯處，同時左腿向左進步，
足跟著地，右手微向後拉與右肩平，再從口邊向左推
去，左足落實，右足跟至左足後，足尖點著地，重心移
至左腿微停。右手向前推時，似前面懸一重物，推彼向

前之意。

手揮琵琶式

退右足伸左手，左足亦退至右足前，足尖點地；兩膊似曲非曲，似直非直，左前右後。

上步搬攔捶

左手心向下往回摟至脅處，進左足，左手向回摟時，右手心向上，從左手下面向前伸；再右手同樣向回摟，進右足；左手同樣從右手下向前伸至極處，即向裏扣，如前面有人打來，扣住彼手相似。

進左足時右手由脅處握拳，從左手上直向前打去，右足跟步，足尖點著地。

如封似閉

兩足先後退回，左足尖點著地，兩手向後屈回，肘靠脅處。

抱虎推山

左足進步，兩掌向前推，右足跟至左足後二寸許，足尖點著地。

【注意】自摟膝拗步至抱虎推山，換式形雖停而意不斷。務要意、氣、力合一，手足一致，身體高低一律，尤須留意鬆肩鬆腹（詳解見先嚴祿堂公著《太極拳學》）。

【註】本章源於《紀念武術大師孫存周先生誕辰一百一十周年》

後　記

「拳械之學，壽世育德，文武俱進，動靜中和；練體為本，打用為末，武學同源，健體強國。」

此乃孫祿堂大師一生追求的武學宗旨，在其遺著中，一以貫之，如一氣呵成。

希望武林朋友，能透過此書方便地學習到孫祿堂的武學真諦，迅速提高武技，強健身體，昇華心性，為振興中華武術、弘揚民族文化增一份豪氣。

定興　孫玉奎等

孫祿堂武學拳照

定興　孫玉奎　編錄

孫祿堂形意拳照

劈 拳 圖

圖1 無極式

圖2 含一氣式

圖3 無極圖

圖4 兩儀式

圖5 三體圖

圖6 左遞手

圖7 右放手

圖8 右遞手

圖9　左放手

圖10　回身式

圖11　右遞手

圖12　收式

圖13　還原

崩拳圖

圖1　無極式

圖2　含一氣式

圖3　無極圖　　　　圖4　兩儀式　　　　圖5　三體圖

圖6　右式　　　　圖7　左式　　　　圖8　右式

圖9　回身式　　　　圖10　上樹一式　　　　圖11　上樹二式

圖12　右式

圖13　退步式

圖14　還原

鑽
拳
圖

圖1　無極式

圖2　含一氣式

圖3　無極圖

圖4　三體圖

圖5　右扣手

圖6　右鑽式 　　　　圖7　右扣手 　　　　圖8　收式

炮

拳

圖

圖9　還原　　　　　　　　　　　　圖1　無極式

圖2　含一氣式 　　　圖3　無極圖　　　　圖4　三體圖

圖5　躥進式　　　　圖6　右踞式　　　　圖7　左進式

圖8　回身踞　　　　圖9　右進式　　　　圖10　左踞式

圖11　左進式　　　　圖12　還原

橫拳圖

圖1　無極式

圖2　合一氣式

圖3　無極圖

圖4　三體圖

圖5　左進式

圖6　右進式

圖7　回身

圖8　左進式

圖9　還原

連
環
拳
圖

圖1　無極式

圖2　含一氣式

圖3　無極圖

圖4　三體圖

圖5　左進式

圖6　青龍出水

圖7　出洞式

圖8　亮翅二式　　　圖9　亮翅三式　　　圖10　左炮拳

圖11　退劈拳一　　　圖12　退劈拳二　　　圖13　包裹一式

圖14　包裹二式　　　圖15　上樹一式　　　圖16　上樹二式

圖17　右崩拳　　　　　圖18　回身　　　　　圖19　倒上樹一式

圖20　倒上樹二式　　　圖21　右崩拳　　　　圖22　青龍出水

圖23　還原

孫祿堂十二形拳照

龍形拳圖

圖1　無極式

圖2　含一氣式

圖3　太極圖

圖4　三體圖

圖5　右式

圖6　左式

圖7　右式

圖8　三體收式

虎形拳圖

圖9　還原

圖1　無極式

圖2　含一氣式

圖3　太極圖

圖4　三體圖

圖5　躦進式

圖6　右踞式

圖7　左進式

圖8　左虎踞

圖9　右進式

圖10　回身

圖11　左進式

圖12　還原

猴形拳圖

圖1　無極式

圖2　含一氣式

圖3　太極圖　　　　　圖4　三體圖　　　　　圖5　右掛印一

圖6　右掛印二　　　　圖7　左扚繩　　　　　圖8　右掛印一

圖9　左爬杆二　　　　圖10　左爬杆三　　　　圖11　右掛印

圖12　左掛印

圖13　右扨繩

圖14　三體收式

圖15　還原

馬形拳圖

圖1　無極式

圖2　含一氣式

圖3　太極圖

圖4　三體圖

圖5　左裏式　　　　　圖6　左進式　　　　　圖7　右裏式

圖8　式進式　　　　　圖9　回身　　　　　　圖10　左裏式

圖11　左進式　　　　　圖12　還原

鼉
形
拳
圖

圖1　無極式

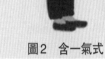

圖2　含一氣式

圖3　太極圖

圖4　三體圖

圖5　右式

圖6　左進式

圖7　右進式

圖8　三體收式

圖9　還原

圖1　無極式

雞形拳圖

圖2　含一氣式

圖3　太極圖

圖4　三體圖

圖5　獨立四

圖6　金雞食米

圖7　金雞抖翎一

圖8　金雞抖翎二

圖9　金雞上架

圖10　金雞報曉

圖11　左劈拳

圖12　右劈拳

圖13　金雞獨立

圖14　金雞食米

圖15　左劈拳

圖16　回身

圖17　收式

圖18　還原

鵲形拳圖

圖1　無極式

圖2　含一氣式

圖3　太極圖

圖4　三體圖

圖5　鵲子束身

圖6　鷂子入林　　　　圖7　鷂子鑽天　　　　圖8　鷂子翻身二

燕形拳圖

圖9　還原　　　　　　　　　　　　　　圖1　無極式

圖5　燕子抄水一　　　圖6　燕子抄水二　　　圖7　燕子抄水三

圖8　燕子抄水四　　　圖9　燕子抄水五　　　圖10　金雞食米

圖11　左劈拳　　　　圖12　回身　　　　　圖13　右遞手

圖14 收式

圖15 還原

蛇形拳圖

圖1 無極式

圖2 含一氣式

圖3 太極圖

圖4 三體圖

圖5 左盤伏

圖6　左進式　　　　圖7　左進式　　　　圖8　左進式

形

拳

圖

圖9　還原　　　　　　　　　　　　圖1　無極式

圖2　含一氣式　　　圖3　太極圖　　　圖4　三體圖

圖5　鮐俯式

圖6　左進式

圖7　右亮翅一

圖8　右亮翅二

圖9　右進式

圖10　回身亮翅一

圖11　回身亮翅二

圖12　左進式

圖13　還原

鷹形拳圖

圖1　無極式

圖2　含一氣式

圖3　太極圖

圖4　三體圖

圖5　左遞手

圖6　右放手

圖7　右遞手

圖8　三體收式

熊
形
拳
圖

圖9　還原

圖1　無極式

圖2　含一氣式

圖3　太極圖

圖4　三體圖

圖5　右式

圖6　左式

圖7　右式

圖8　三體收式　　　　圖9　右撲進　　　　圖10　右裹式

圖11　左撲進　　　　圖12　回身　　　　圖13　右進式

圖14　三體收式　　　　圖15　還原

孫祿堂雜式捶拳照

圖1 無極式

圖2 含一氣式

圖3 無極圖

圖4 三體圖

圖5 鷂子束身

圖6 鷂子入林

圖7 退步劈拳右

圖8 退步劈拳左

圖9 倒取水右

圖10　倒取水左

圖11　單展翅

圖12　蟄龍出現

圖13　黑虎出洞若

圖14　亮翅一

圖15　亮翅二

圖16　亮翅二

圖17　雙展翅

圖18　鷂子入林

圖19　單展翅　　　　圖20　鷂子入林　　　　圖21　退步劈拳右

圖22　退步劈拳左　　圖23　倒取水左　　　　圖24　倒取水右

圖25　燕子抄水一　　圖26　燕子抄水二　　　圖27　燕子抄水三

圖28　燕子抄子四　　圖29　燕子抄水五　　圖30　右崩拳

圖31　青龍出水　　圖32　黑龍出洞　　圖33　亮翅一

圖34　亮翅二　　圖35　雙展翅　　圖36　鷂子入林

圖37　退步劈拳右　　　圖38　退步劈拳左　　　圖39　倒取水左

圖40　倒取水右　　　圖41　青龍探爪　　　圖42　鷹捉

圖43　推窗望月　　　圖44　三盤落地　　　圖45　懶龍臥道

圖46　烏龍翻江　　　　圖47　右崩拳　　　　圖48　龍虎相交

圖49　黑龍出洞　　　　圖50　亮翅一　　　　圖51　亮翅二

圖52　亮翅二　　　　圖53　炮拳左　　　　圖54　雙展翅

圖55　鷂子入林　　　圖56　退步劈拳右　　　圖57　退步劈拳左

圖58　倒取水左　　　圖59　倒取水右　　　圖60　單展翅

圖61　蟄龍出現　　　圖62　黑虎出洞　　　圖63　風擺荷葉

圖64　指路式

圖65　黑虎出洞

圖66　鷂子回身一

圖67　鷂子回身三

圖68　還原

孫祿堂八卦拳照

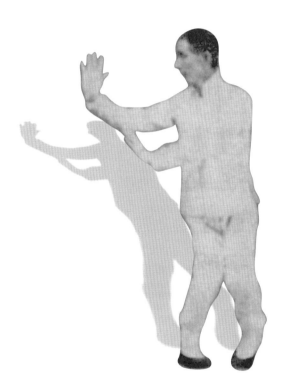

圖1　無極圖

圖2　太極式

圖3　青龍縮尾

圖4　青龍返首

圖5　黑虎出洞

圖6　青龍轉身右

圖7　青龍縮尾

圖8　青龍返首

圖9　黑虎出洞右

圖10　鷂子鑽天　　　圖11　白蛇伏草　　　圖12　青龍縮尾

圖13　黑虎出洞　　　圖14　青龍轉身　　　圖15　青龍縮尾

圖16　青龍返首　　　圖17　黑虎出洞　　　圖18　獅子張嘴

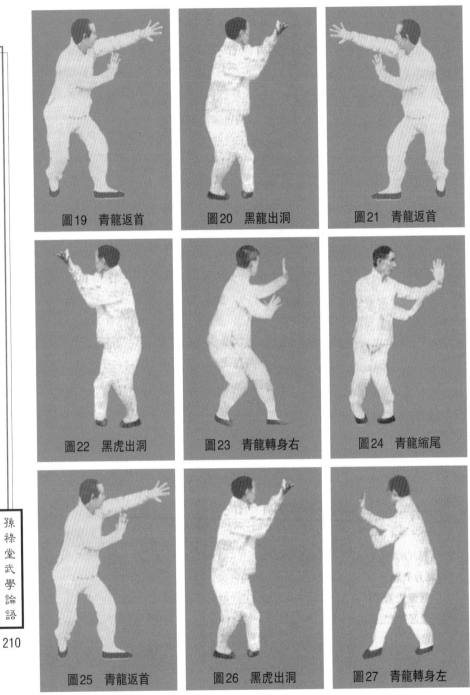

圖19　青龍返首　　　圖20　黑龍出洞　　　圖21　青龍返首

圖22　黑虎出洞　　　圖23　青龍轉身右　　圖24　青龍縮尾

圖25　青龍返首　　　圖26　黑虎出洞　　　圖27　青龍轉身左

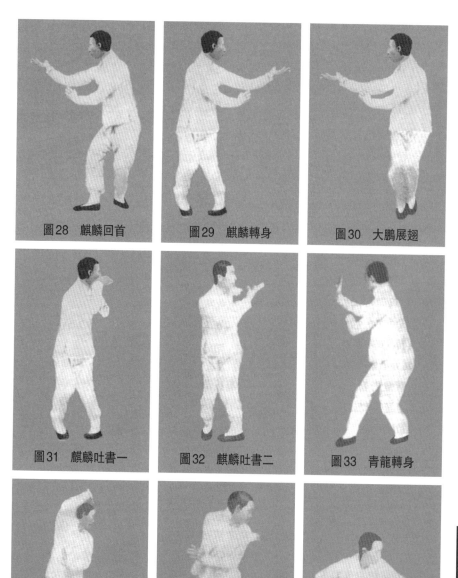

圖28　麒麟回首　　　　圖29　麒麟轉身　　　　圖30　大鵬展翅

圖31　麒麟吐書一　　　圖32　麒麟吐書二　　　圖33　青龍轉身

圖34　坎卦白蛇吐信　　圖35　坎卦白蛇纏身　　圖36　坎卦白蛇伏草

圖37　坎卦黑虎出洞　　圖38　青龍轉身　　圖39　青龍縮尾

圖40　青龍返首　　圖41　離卦火蟒翻身一　　圖42　大蟒翻身二

圖43　青龍返首　　圖44　黑虎出洞　　圖45　青龍轉身

圖46　青龍返首　　　圖47　黑虎出洞　　　圖48　震卦青龍飛升

圖49　青龍返首　　　圖50　黑虎出洞　　　圖51　青龍轉身

圖52　青龍縮尾　　　圖53　青龍返首　　　圖54　艮卦黑熊返背

圖55　黑虎探掌　　　圖56　青龍返首　　　圖57　黑虎出洞

圖58　青龍轉身　　　圖59　青龍縮尾　　　圖60　青龍返首

圖61　黑虎出洞　　　圖62　青龍轉身　　　圖63　青龍縮尾

圖64　青龍返首

圖65　黑虎出洞

圖66　巽卦獅子抱球

圖67　巽卦獅子滾球

圖68　巽卦獅子翻身

圖69　巽卦獅子伏地

圖70　巽卦獅子球

圖71　青龍縮尾

圖72　青龍返首

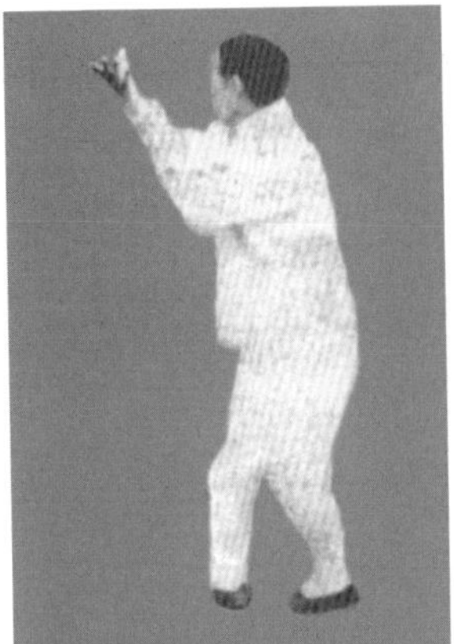

圖73　黑虎出洞

圖74　兌卦白猿獻果

圖75　青龍返首

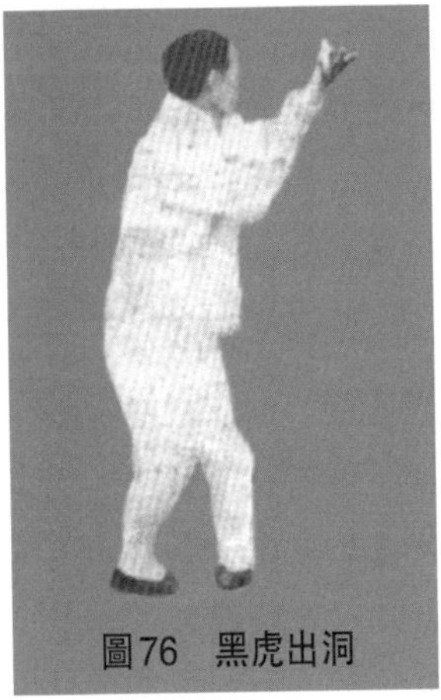

圖76　黑虎出洞

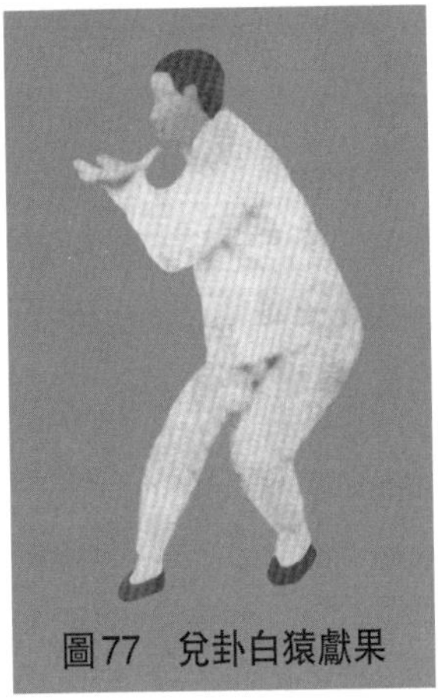

圖77　兌卦白猿獻果

圖78　無極還原

孫祿堂太極拳照

圖1
第1章　無極學

圖2
第2章　太極學

圖3
第3章　懶紮衣學

圖4
第3章　懶紮衣學

圖5
第3章　懶紮衣學

圖6
第3章　懶紮衣學

圖7
第3章　懶紮衣學

圖8
第4章　開手學

圖9
第5章　合手學

圖10
第5章　合手學

圖11
第6章　單鞭學

圖12
第7章　提手上式學

圖13
第8章　白鶴亮翅學

圖14
第8章　白鶴亮翅學

圖15
第9章　開手學

圖16
第10章　合手學

圖17
第11章　摟膝拗步學

圖18
第12章　手揮琵琶學

圖19
第13章　進步搬攔捶學

圖20
第14章　如封似閉學

圖21
第15章　抱虎推山學

圖22
第16章　開手學

圖23
第17章　合手學

圖24
第18章　摟膝拗步學

圖25
第19章　手揮琵琶學

圖26
第20章　懶紮衣學

圖27
第21章　開手學

圖28
第22章　合手學

圖29
第23章　單鞭學

圖30
第7章　提手上式學

圖31
第25章　左倒攆猴學

圖32
第26章　右倒攆猴學

圖33
第27章　手揮琵琶學

圖34
第28章　白鶴亮翅學

圖35
第28章　白鶴亮翅學

圖36
第29章　開手學

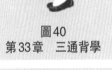

圖37
第30章　合手學

圖38
第31章　摟膝拗步學

圖39
第32章　手揮琵琶學

圖40
第33章　三通背學

圖41
第33章　三通背學

圖42
第33章　三通背學

圖43
第33章　三通背學

圖44
第33章　三通背學

圖45
第34章　合手學

圖46
第35章　合手學

圖47
第36章　單鞭學

圖48
第37章　雲手學

圖49
第37章　雲手學

圖50
第38章　高探馬學

圖51
第38章　高探馬學

圖52
第38章　高探馬學

圖53
第39章　右起腳學

圖54
第41章　轉身踢腳學

圖55
第40章　左起腳學

圖56
第42章　踐步打捶學

圖57
第43章　翻身二起學

圖58
第43章　翻身二起學

圖59
第44章　披身伏虎學

圖60
第45章　左踢腳學

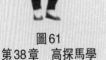

圖61
第38章　高探馬學

圖62
第46章　右踢腳學

圖63
第47章　上步搬攔捶學

圖64
第48章　如封似閉學

圖65
第49章　抱虎推山學

圖66
第50章　開手學

圖67
第51章　合手學

圖68
第52章　摟膝拗步學

圖69
第53章　手揮琵琶學

圖70
第54章　懶紮衣學

圖71
第55章　開手學

圖72
第56章　合手學

圖73
第57章 斜單鞭學

圖74
第58章 野馬分鬃學

圖75
第58章 野馬分鬃學

圖76
第58章 野馬分鬃學

圖77
第59章 踐開手學

圖78
第60章 合手學

圖79
第61章 單鞭學

圖80
第62章 右背掌學

圖81
第63章 玉女穿梭學

圖82
第63章　玉女穿梭學

圖83
第63章　玉女穿梭學

圖84
第64章　手揮琵琶學

圖85
第65章　懶紮衣學

圖86
第66章　開手學

圖87
第67章　合手學

圖88
第68章　單鞭學

圖89
第69章　雲手學

圖90
第69章　雲手學

圖91
第70章　雲手下式學

圖92
第71章　金雞獨立學

圖93
第71章　金雞獨立學

圖94
第72章　倒攆猴學

圖95
第72章　倒攆猴學

圖96
第73章　手揮琵琶學

圖97
第74章　手鶴亮翅學

圖98
第74章　手鶴亮翅學

圖99
第七十五章　開手學

圖100
第76章　合手學

圖101
第77章　摟膝拗步學

圖102
第78章　手揮琵琶學

圖103
第79章　三通北學

圖104
第79章　三通北學

圖105
第79章　三通北學

圖106
第79章　三通北學

圖107
第79章　三通北學

圖108
第80章　開手學

圖109
第81章　合手學

圖110
第82章　單鞭學

圖111
第83章　雲手學

圖112
第83章　雲手學

圖113
第84章　高探馬學

圖114
第84章　高探馬學

圖115
第85章　十字擺蓮學

圖116
第86章　進步指襠捶學

圖117
第87章　退步懶衣學

圖118
第88章　開手學

圖119
第89章　合手學

圖120
第90章　單鞭學

圖121
第91章　單鞭下勢學

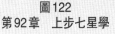

圖122
第92章　上步七星學

圖123
第93章　下步跨虎學

圖124
第94章　轉角擺蓮學

圖125
第95章　彎弓射虎學

圖126
第96章　雙撞捶學

圖127
第97章　陰陽混學

圖128
第98章　無極還原學

孫祿堂八卦劍照

圖1　無極式　　　　圖2　太極式　　　　圖3　乾卦蟄龍翻身

圖4　乾卦城邊掃月　　圖5　乾卦掃地搜熱根　　圖6　乾卦白猿托挑

圖7　乾卦日月爭明　　圖8　乾卦流星趕月　　圖9　乾卦青龍返首

圖10　坎卦天邊掃月　　　圖11　坎卦仙人背劍　　　圖12　坎卦仙人換影

圖13　離卦白猿托挑　　　圖14　離卦日月爭明　　　圖15　離卦白猿托挑

圖16　離卦白猿托挑　　　圖17　震卦秉龍返首　　　圖18　震卦白蛇伏草

圖19　震卦潛龍出水　　圖20　震卦表龍探海　　圖21　艮卦表龍返首

圖22　艮卦黑虎出洞　　圖23　艮卦白蛇吐信　　圖24　艮卦青龍截路

圖25　艮卦白猿偷桃　　圖26　艮卦仙人入洞　　圖27　艮卦日月爭明

圖28　艮卦流星趕月　　　圖29　巽卦白猿插挑　　　圖30　巽卦葉裏藏花一

圖32　巽卦葉裏藏花三　　圖33　巽卦猛虎截路　　圖31　巽卦葉裏藏花二

圖34　兌卦白猿托挑　　　圖35　兌卦片膀　　　　圖36　兌卦回馬劍

圖37　兌卦回頭望月　　　圖38　　兌卦仙人釣魚　　　圖39　無極還原

歡迎至本公司購買書籍

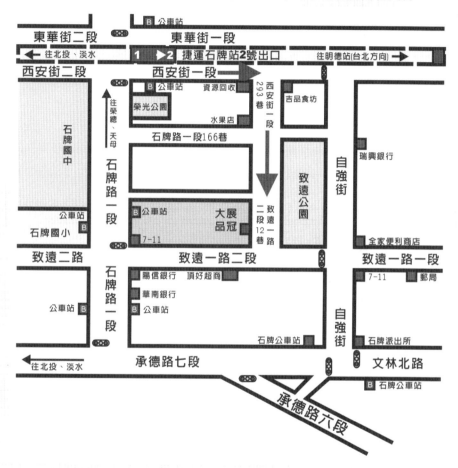

建議路線

1. 搭乘捷運‧公車

    淡水線石牌站下車，由石牌捷運站２號出口出站(出站後靠右邊)，沿著捷運高架往台北方向走(往明德站方向)，其街名為西安街，約走100公尺(勿超過紅綠燈)，由西安街一段293巷進來(巷口有一公車站牌，站名為自強街口)，本公司位於致遠公園對面。搭公車者請於石牌站(石牌派出所)下車，走進自強街，遇致遠路口左轉，右手邊第一條巷子即為本社位置。

2. 自行開車或騎車

    由承德路接石牌路，看到陽信銀行右轉，此條即為致遠一路二段，在遇到自強街(紅綠燈)前的巷子(致遠公園)左轉，即可看到本公司招牌。

國家圖書館出版品預行編目資料

孫祿堂武學論語 ╱ 孫玉奎 等 編著
——初版，——臺北市，大展，2015〔民104.03〕
面；21公分 ——（孫式太極拳；3）
ISBN 978-986-346-060-2（平裝）
1.拳術 2.中國
528.97   103028038

孫祿堂武學論語

編 著 者╱孫 玉 奎 等
責任編輯╱張 建 林
發 行 人╱蔡 森 明
出 版 者╱大展出版社有限公司
社　　址╱台北市北投區（石牌）致遠一路2段12巷1號
電　　話╱（02）28236031・28236033・28233123
傳　　眞╱（02）28272069
郵政劃撥╱01669551
網　　址╱www.dah-jaan.com.tw
E-mail ╱service@dah-jaan.com.tw
登 記 證╱局版臺業字第2171號
承 印 者╱傳興印刷有限公司
裝　　訂╱承安裝訂有限公司
排 版 者╱弘益電腦排版有限公司
授 權 者╱北京人民體育出版社
初版1刷╱2015年（民104年）3月

定 價╱230元

大展好書　好書大展
品嚐好書　冠群可期

大展好書　好書大展

品嘗好書　冠群可期